パパッとさんの おそうじと収納の コツと基本

宝島社

驚きのワザがいっぱい

パパッとさんの ラクちんお手軽そうじ術

冷蔵庫
ドアパッキンのカビは歯磨き粉で
洗面台
排水口のぬめりはトイレットペーパーの芯で！
和室
目立つ汚れは湯と洗剤でふき取る
来たよー
あ！
おばあちゃーん
いらっしゃーい
ピカピカ
ピカピカ
ピカピカ
キレイにしてるじゃない
100点満点の嫁だね！
ありがとうございます
ホッ
何とか間に合った！
しかし…
パチパチパチパチ

あれから3日後
おじゃましまーす
お部屋きれいねー
最近どう？
何かこまってない？
じつは……
ドョーン
ガチャッ
開かずの間
タンスにものがぎっしりで閉まらないの!?
押し入れがぎゅうぎゅうだわ
そんなときにはパパッと収納の知恵を使えばいいのよ
衣類収納の基本は立てて入れる
すっきり
ありがとう♥
他にはどんなアイデアがあるの？
ええっとね
でも、基本は不用品を捨てることなのよ！

どんなに工夫しても多すぎる荷物は入らないわ
まずは引き出しの70%ぐらいになるまで不要なものを捨てないと！
70%
ポイ
メモ
ふむふむ
ものを減らせたら収納ワザを活用して…
おしゃれ着が虫くいしないように
底に新聞紙を敷いたり…
自宅で防虫剤を作ったり
他にも
小鉢や茶碗は上下交互に
フライパンなどのふたは書類ケースにざっくり収納
すわるところのとなりに「とりあえずBOX」をおく
なーるほど
うんうん
うんうん
うんうん
デッドスペースもちゃっかり収納に使っちゃいます
カーテンレールの上にものおき
ドアにカギおき
天井にものをおく
ベッドを高く持ち上げ下のスペースを活用

\おおー!!/
たしかに、そうかも!?
パパッとそうじのための片づけ手順
1. 捨てる
2. 収納
3. そうじ
片づけるときは手順もポイントで…
でもそうじは苦手ですぐに散らかっちゃう
1分でできることから始めてみれば!
蛇口のくすみは歯磨き粉で
1分
敷居のホコリは輪ゴムで
1分
革張りソファの汚れは食パンで
1分
壁のカビには古くなったボディタオル
1分
スイッチまわりの汚れは消しゴムで取る
1分
鏡はシェービングクリームで磨く
1分
シンクの汚れは丸めたラップで
1分
グリルの網はアルミホイルでこする
1分
便器はビールで磨く
1分
BEER
アルミホイル
ラップ
2週間後
本当にきれいになったね
パパッとそうじのおかげかな
これなら私にもできるかも

パパッとさんの おそうじと収納のコツと基本

目次

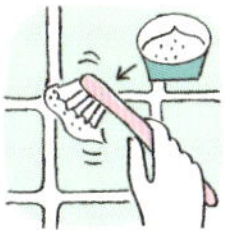

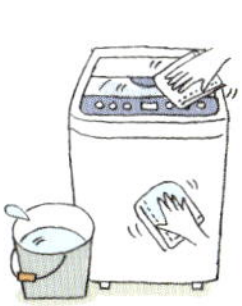

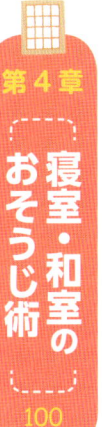

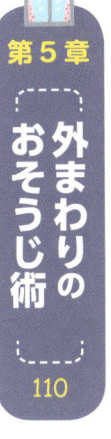

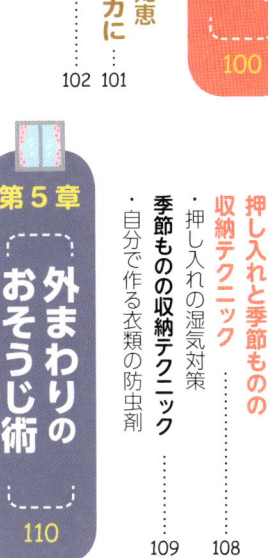

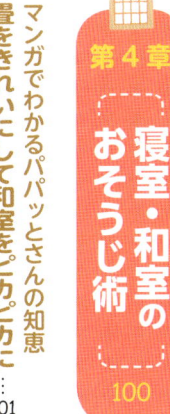

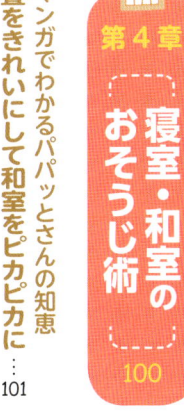

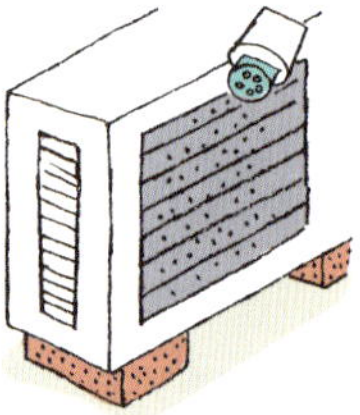

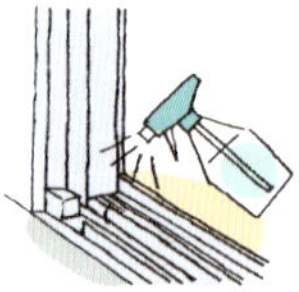

本書で使用する天然洗剤の使い方と作り方

人にも安全で、あらゆる汚れに効果のある、重曹と酢を使ってできる天然洗剤の使い方と作り方を紹介します。

重曹

重曹ペースト

使い方　ガンコな油汚れなどに直接ぬって使用する。

作り方　水1に対して重曹2の割合で、重曹に少しずつ水を加えながら、混ぜて作る。

重曹水

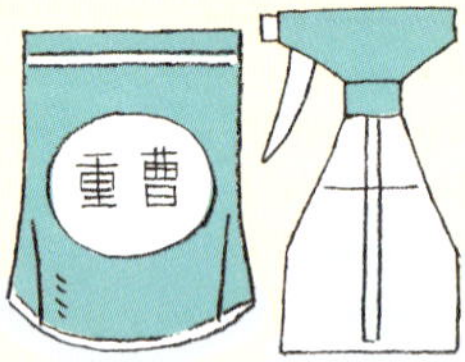

使い方　酸性の汚れ（油汚れ、手アカなど）のふきそうじに使用する。

作り方　1ℓのぬるま湯に重曹大さじ4を溶かして作る。重曹水はなるべくその日のうちに使い切る。

重曹パウダー

使い方　粉末のまま使用する。汚れに直接ふりかけたり、消臭剤としても使うことができる。

酢

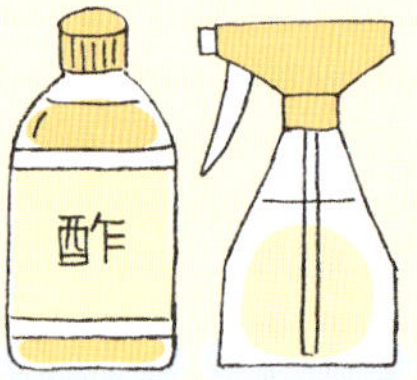

酢水

使い方　アルカリ性の汚れ（水アカ、石鹸カスなど）のふきそうじに使用する。

作り方　酢を水で5～6倍にうすめて作る。

「口ぐせ」でわかる

タイプ別そうじ法 おすすめマニュアル

「口ぐせ」により、あなたに合ったそうじ法が見つかります。
下の3タイプの中から、1番自分に近い人のページを参考にして、
そうじを始めましょう。

「あれ、どこだっけ」が
口ぐせの人は P16へ

「面倒くさい」が
口ぐせの人は P14へ

「時間がない」が
口ぐせの人は P12へ

Isogashi Queen Type

「時間がない」が口ぐせの いそがしクイーン タイプ

家事も遊びもパワー全開。興味があることには、とことん突き進む猪突猛進タイプ。そうじをする時間さえあれば、底知れぬ潜在能力を発揮します。まずは、毎日のちょこっとそうじから始めてみましょう。

おすすめマニュアル

時間があるときに しっかりそうじする

時間があるときに、まとめてそうじをしましょう。
ふだんは、忙しい合間にでもできるような
1～2分で終わる簡単なそうじにチャレンジしてみてください。

STEP 1

ちょこっとそうじを始めましょう

そうじ機やぞうきんを用意して、「そうじをするぞ」と気構えるのではなく、家の床などに落ちているゴミを拾ったり、目についたものを、元の位置に収納するだけでも、毎日やればかなりきれいになります。まずは、気になるところだけでもきれいにするといったような、ちょこっとそうじの習慣を身につけて、少しずつ部屋をきれいにしていきましょう。

STEP 2

ながらそうじがおすすめ

ながらそうじとは、他のことをしながら、そうじも一緒にしてしまうという方法です。

例えば、歯磨きをしながら古歯ブラシで蛇口まわりを磨いたり、料理をしながら、出た野菜くずでシンクを磨く、テレビを観ながらカーペットのそうじをするなど、生活の流れのなかでついでにやってしまう感じです。用事を済ませながら、一緒にそうじもしてしまいましょう。

STEP 3

時間があるときにまとめそうじを

時間があるときには、まとめてそうじをしましょう。そのときにおすすめなのは、重曹です。

重曹は、そうじに役立つ万能洗剤。和室以外の場所なら使うことができます。汚れ落としはもちろん消臭作用もあるので、使い方をマスターすれば、効率よくあらゆる場所を一気にきれいにすることができます。

リビングだけはいつもきれいに

覚えておこう！

部屋にいる時間が一番長いのがリビングです。リビングさえきれいなら、毎日の片づけやそうじはそれほど必要ありません。他の部屋は時間があるときにまとめそうじで済ませるようにすれば、いいでしょう。また、玄関は来客があるのでここもきれいにしておくことをおすすめします。

見てすぐわかる収納で時間を短縮

よく使うものは、手前収納

引き出しの中などを整理して、よく使うものを手前に収納する。

必要な場所に必要なものを

必要な場所に必要なものを収納しておくと無駄な時間が少なくなる。

Kimagure Doll Type

「面倒くさい」が口ぐせの きまぐれドール タイプ

そうじなんて
面倒くさい！

そうじはいつも気分しだい。
多少の汚れや散らかりは、
見て見ぬふりができるタイプ。
そうじをしても、長くは続かず、
すぐいつもの状態に……。
まずは、時間のかからないそうじから
始めてみましょう。

↓

おすすめマニュアル

そうじをしない工夫をしよう

そもそもそうじが嫌いな人は、そうじをしなくて
済むような工夫をする必要があります。
部屋ができるだけ汚れないように、対策を考えましょう。

STEP 1

汚れる理由を考えましょう

キッチンは油汚れ、バスルームは水アカ、リビングや寝室はホコリというように、それぞれの生活環境によって部屋の汚れの理由は大きく変わります。そうじをするのが面倒で仕方がないのであれば、汚れる理由を考えるところから始めてみましょう。事前の汚れ対策ができるようになれば、面倒なそうじを減らすことができます。

STEP 2
汚れないように予防対策をする

汚れる理由がわかれば、次は対策です。ホコリがたまりそうなところには、部屋の雰囲気に合わせた布をかぶせたり、家具のすき間や高いところに、新聞紙をおけば、取り替えるだけできれいになります。カーテンやトイレの壁など布の汚れ防止には、布用の防水スプレーをしておきます。事前の予防策で、そうじの時間は面倒くさくならない程度の範囲で済むようになるでしょう。

STEP 3
捨てられるものを捨てましょう

収納スペースからあふれているものや賞味期限が切れている調味料、流行遅れのジャケットなど、よく見ると家の中には捨てられそうなものがたくさんあります。捨てられるものはすべて捨てましょう。

捨てることで、部屋の中のものが減ると、そうじをするときに邪魔なものが少なくなり、今よりずっと楽にそうじができるようになるでしょう。

面倒くさいことを事前に防ぐ

覚えておこう！

汚れ予防と捨てることを組み合わせれば、そうじの面倒はかなり減ります。例えば、カーペットのそうじが面倒なら、カーペットを捨てて、フローリングにする、レンジ台の汚れ落としが面倒なら、アルミホイルを敷いて、取り替えるだけにするなど、事前にそうじの手間を防ぎましょう。

とりあえずの収納テクニック

とりあえずの部屋を作る

使わない部屋があれば、何でも放り込む。他の部屋はスッキリきれいに。

リビングにふたつきの箱をおく

何でも放り込める箱を用意。ふたつきなら中身も見えず、気にならない。

Ooraka Venus Type

「あれ、どこだっけ」が口ぐせの おおらかヴィーナスタイプ

マイペースなのんびり屋さん。買いものから帰ると、まず、お茶でひと休み。家のあちこちにものをおいてあれはどこにおいたっけ……。そうじの前に収納から見直してみましょう。

おすすめマニュアル

そうじよりもまず、収納法を考えましょう

ものをおきっぱなしにするこのタイプは、
そうじ以前の問題を抱えています。
まずは、もののおき場所を決めることから始めましょう。

STEP 1

とりあえずのおき場所を作ろう

まずは、リビングやトイレ、脱衣所などのすべての部屋に、「とりあえずカゴ」を設置しましょう。そうすれば、ものをなくしたときには、そのカゴのどこかに、なくしたものが入っているはずです。また、もののおき場所はすべて決めてしまいましょう。そうすれば、ものをなくしてしまう可能性や、探す手間と時間をずいぶん省けるようになるでしょう。

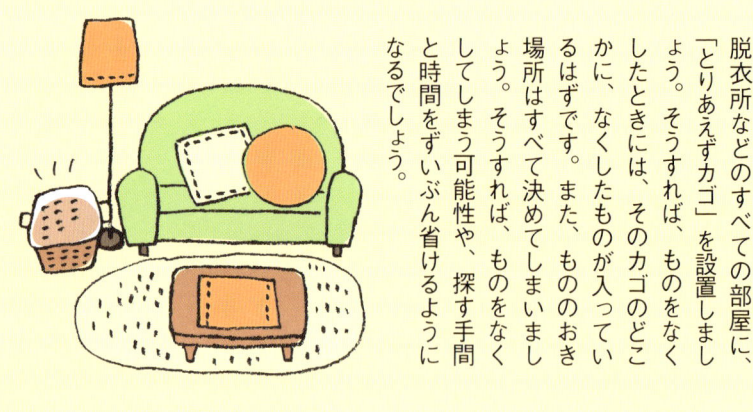

STEP 2 収納法を考えましょう

次に取りかかるのは収納方法の見直しです。どこに何が入っているのかを、わかるようにすることが大切です。透明なケースを使って、何が入っているのかを見えるようにしたり、箱にラベルを貼ったりして、中身がわかるように工夫をしてみましょう。なくしてしまいがちなリモコンなどの小ものは、小もの専用カゴなどの入れものを用意して、指定席を作りましょう。

STEP 3 すぐに対処して1分そうじする

サッ
サッ

収納がうまくできれば、次はそうじです。のんびりとマイペースにそうじをするのではなく、1分で終わらせるそうじをしてみましょう。

洗いものが終わったら、すぐにふきんでシンクまわりの水滴をふく。汚れがついたらガンコな汚れになる前に、すぐにふき取る。汚れはすぐに対処さえしておけば、そうじの時間を1分で終わらせることもできるようになります。

収納は捨てる、借りるで収める

！覚えておこう！

ものがあふれて、収まり切れない収納になっていませんか。不要なものは選別して捨てるようにしてください。どうしても残したいものは、家の近くのレンタルボックスを借りるなどして外に保管するような方法もあります。もちものを見直して、見やすくて余裕のある収納を目指しましょう。

帰宅後1分でできること

ただいまー
服をハンガーにかける。
脱いだ靴をそろえる。
カギとバッグを所定の場所におく。

第1章
キッチンのおそうじ術

毎日使うキッチンは、そうじをしないと
どんどん汚れてしまいます。
シンクの水アカやレンジ台の油汚れ、
調理器具の焦げつきなど、
タイプの違う汚れを、
不要品やアイデアグッズで
簡単に落とす知恵を紹介します。

マンガでわかるパパッとさんの知恵 キッチン編

キッチンのおそうじ術

シンクまわりのそうじ

毎日使うシンクは、放っておくとすぐに水アカなどがついてしまいます。伝線したストッキングや野菜くずなどを活用して、こまめにきれいにしましょう。

すき間時間でできるシンクのプチそうじ

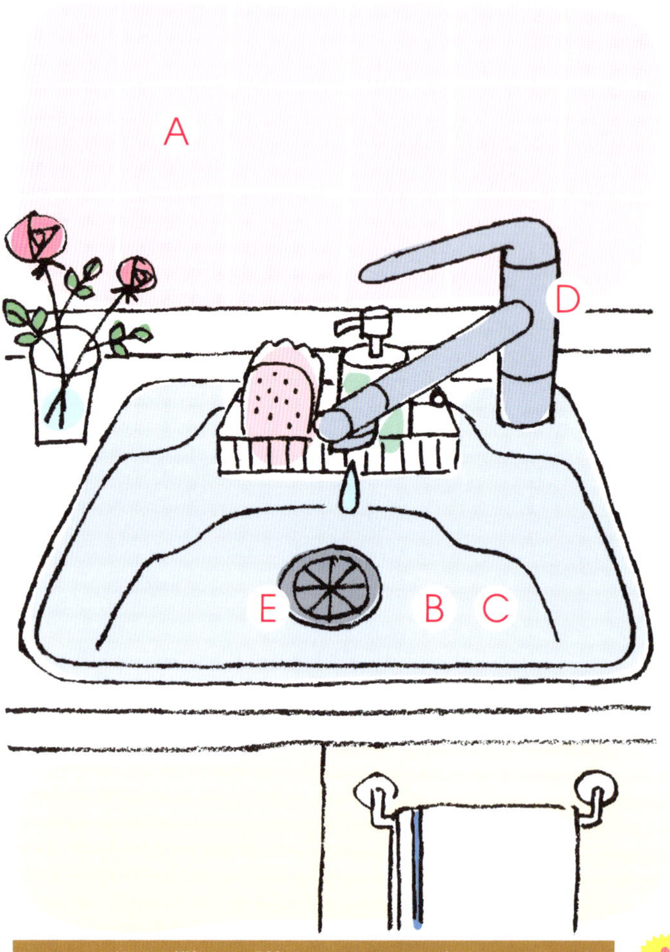

シンクの汚れが驚くほど落ちるストッキングたわしの作り方

覚えておこう!

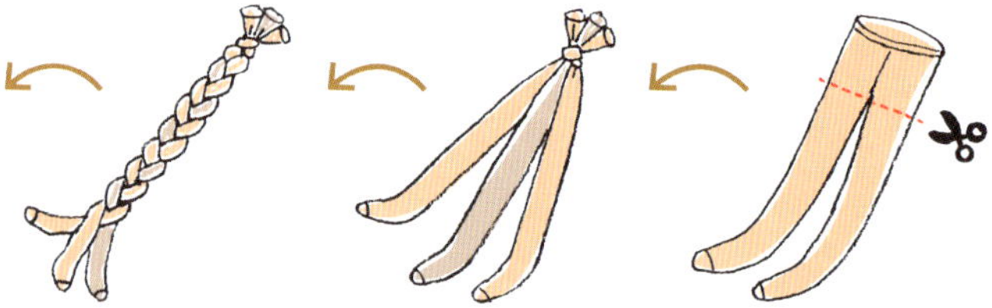

片脚ずつ2本にカット。これを3本用意する。

3本の先を一緒にしばる。

それぞれを交差させながら、三つ編みをする。

B

1分

シンクの水アカには野菜くずが最適

水アカや油汚れは大根のしっぽでこすり取る。傷もつかなくて◎。

A

3分

壁のタイルはふきんで水ぶき

シンクまわりのタイルそうじはふきんでサッとふくことが大切。

D

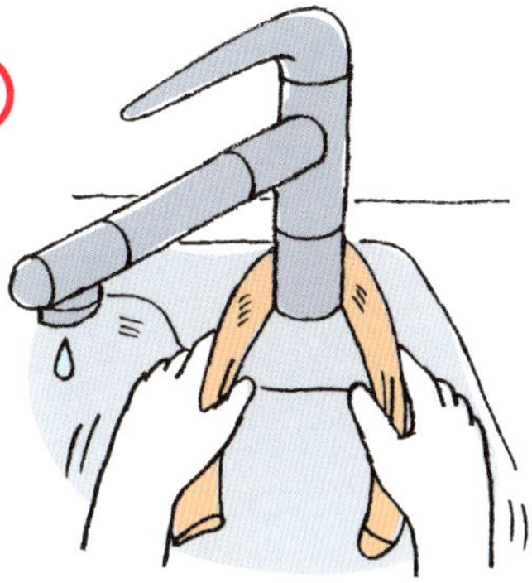

3分

蛇口まわりは古ストッキングできれいに

ストッキングに水をつけてこするだけ。ガンコな汚れは、歯磨き粉をつけて。

C

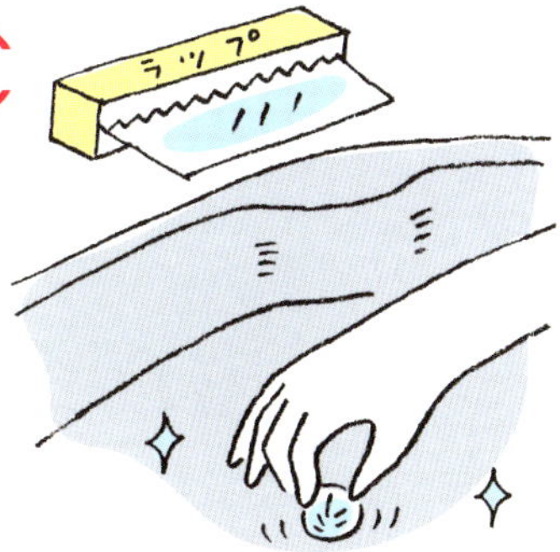

1分

シンクの汚れは丸めたラップで

汚れ部分は丸めたラップでこするときれいになる。

E

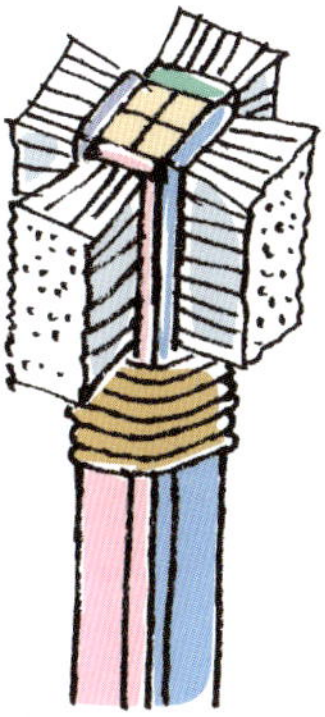

5分

磨きにくい排水口の使えるアイデアグッズ

割りばしと古歯ブラシを輪ゴムで固定すれば完成。回しながら排水口を磨く。

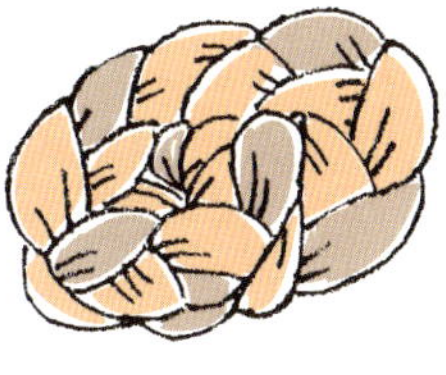

先端をすき間に差し込んで、丸い形を作って完成。

シンク下の収納法

高さのあるシンク下は、大きなものを収納するのに最適。
ただ、排水管をどうよけるかが収納のカギです。

収納法1 深さのあるトレイで取り出しやすく

深さがあるので、入っているものが倒れずに、引き出しやすい。

収納法2 かさばるホットプレートはここに収納

ケースに入れたままふたを内側に折って、立てて収納する。

収納法3 突っ張り棒を使ってふきんを引っかける

上の部分に突っ張り棒をわたして、ふきんやゴミ袋をたらす。

収納法4 土鍋などの重いものはシンクの下におく

土鍋などの重いものは、下の棚に収納する。

ポイント

排水管をよけるアイデア

両サイドに収納ケースをおき、板をわたす。ケースには小ものを収納。

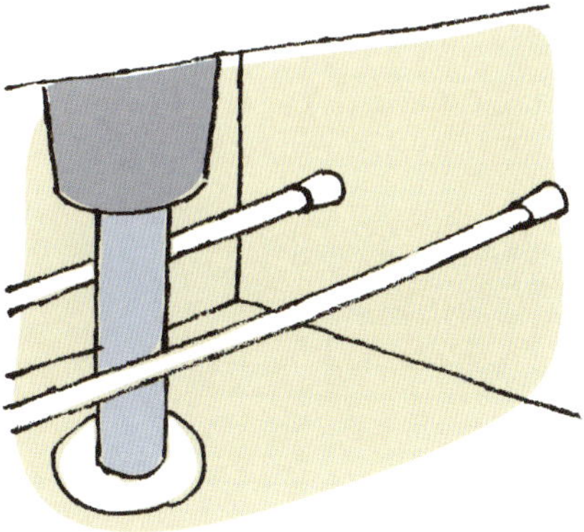

突っ張り棒を 2 本使って棚を作る。2 段使いの収納ができる。

扉使いの収納アイデア

タオルハンガーでふきんストッカー

丸めたふきんやクロスをはさんで収納。

ティッシュの空き箱でゴミ袋収納

使い終わった空き箱を両面テープで貼りつける。

キッチンツールはラップの芯を使って

両面テープや画びょうで留めて、柄を入れる。

ビデオケースが小もの入れに変身

両面テープで固定してレジ袋などの小もの入れに。

週に1度は

シンクまわりの重曹そうじ

重曹を使って磨くと、研磨作用によりシンクがピカピカになります。シンクまわりはすべて、重曹を活用すればきれいになります。

シンク内の汚れとくもり

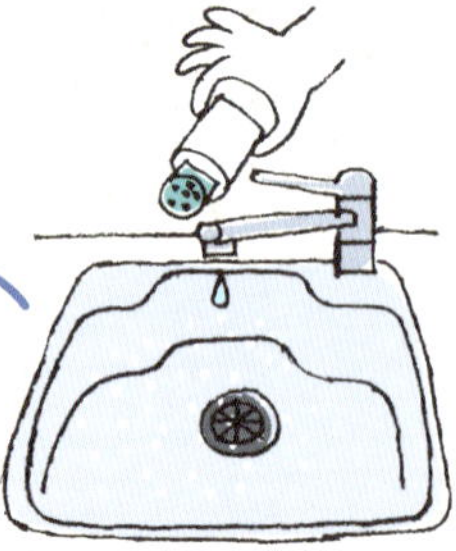

シンクの中に重曹パウダーをふりかける。

湿らせたスポンジで磨き、水を流す。

蛇口まわりの汚れ

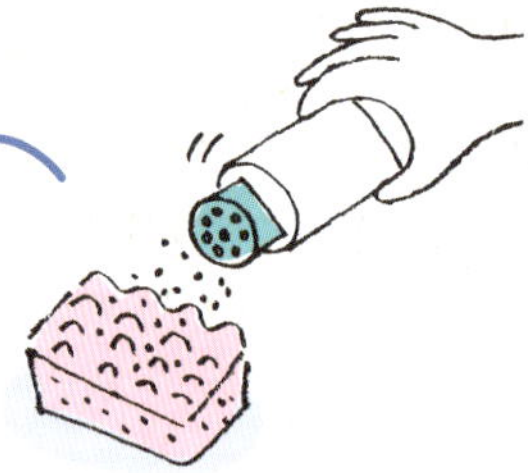

湿らせたスポンジに重曹パウダーをふりかける。

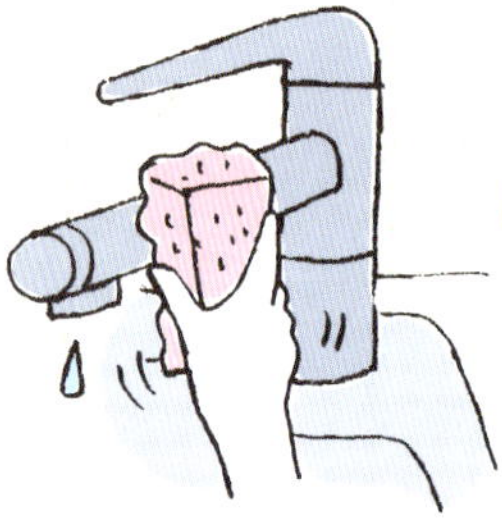

スポンジで蛇口まわりを磨く。

蛇口まわりのガンコな汚れ

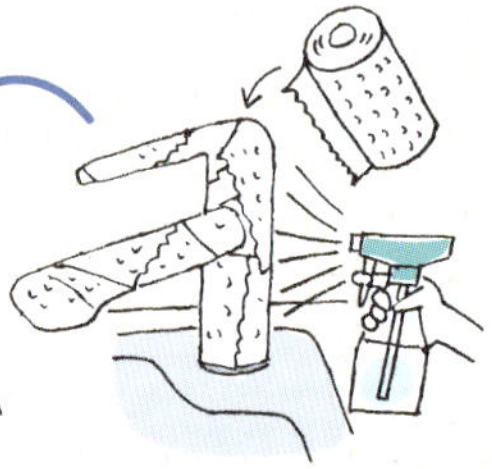

キッチンペーパーを巻き、酢水をスプレーして、2～3時間放置する。

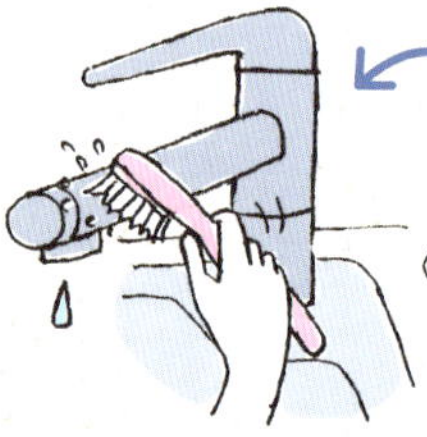

キッチンペーパーをはがし、重曹ペーストをつけた歯ブラシで磨く。

カウンターの汚れ

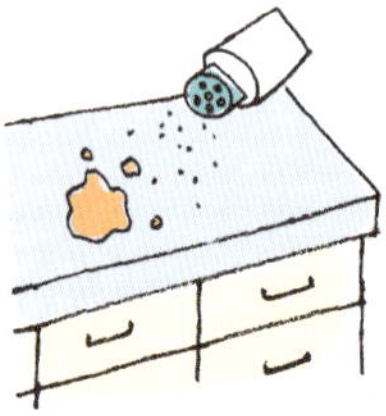

汚れている部分に重曹パウダーをふりかけ、1時間放置してふき取る。

カウンターの傷

重曹ペーストをぬり、1時間放置してふき取ると傷が目立たなくなる。

三角コーナーの汚れ

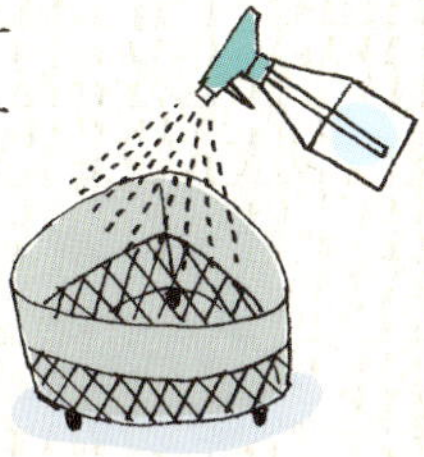

重曹水をスプレーする。

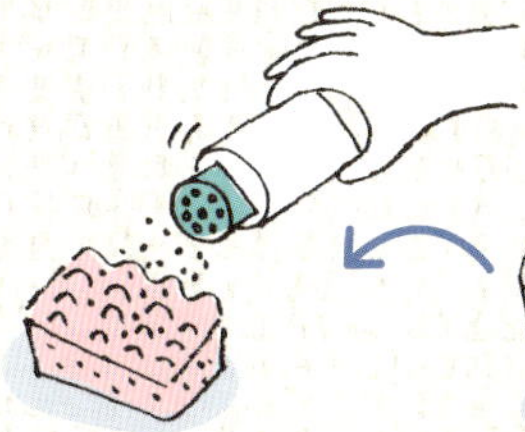

湿らせたスポンジに重曹パウダーをふりかけて磨く。

! 覚えておこう!

排水口の汚れとつまりを直すワザ

1日目

排水口に重曹パウダーをふりかける。

湯1ℓを流し入れる。

ラップをし、ふたをしてひと晩おく。

2日目

翌日、スポンジで排水口の汚れをこする。

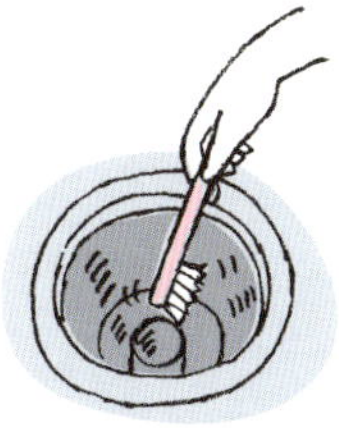

さらに、歯ブラシで細かな汚れを落とす。

最後に、湯をまわしかけて終了。

レンジ台のそうじ

レンジ台は使ったあとに放置すると、しつこい汚れがこびりつくので、使用後すぐにそうじするのが肝心です。簡単にできる対処法をマスターしましょう。

すき間時間でできるレンジ台のプチそうじ

3分

固まってしまった油汚れにはドライヤー

ドライヤーの熱風で、油をやわらかくしてふき取る。

1分

レンジ台は熱いうちにふくのが基本

煮物の汁や油はねなど、使用後すぐにふきんで水ぶき。

3分

仕上げのそうじはビールの残りで

ビールのアルコール分が細かい汚れを取ってピカピカに。

1分

固まってしまった汚れはレモンでこする

汚れを分解するクエン酸効果でしつこい汚れを取る。

ガスバーナーの目づまりには竹串

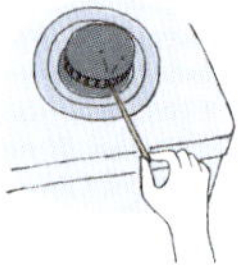

いつの間にかつまっているガスバーナー。こんなときは、竹串を使って、目のそうじを。

1分

グリルの網はアルミホイルでこする

網にこびりついた汚れは、丸めたアルミホイルでゴシゴシこすり取る。

グリルの汚れは片栗粉でラクに落とす

! 覚えておこう!

水1カップと片栗粉大さじ4を溶かし、熱いうちに注ぐ。

片栗粉が水と脂を吸って、余熱で固まる。

1時間ほどおき、完全に固まったらはがして捨てる。

レンジ台まわりの収納法

レンジ台まわりには、吊り棚や水切り用ラックなどの収納スペースがあります。
使いやすい収納に変えて、料理を快適に作りましょう。

収納法 1 吊り棚の収納には軽いものをおく

かさばる保存容器やお弁当箱、ざるなどをまとめてBOXに収納。

収納法 2 ラベル使いで吊り棚でも見やすく

高くて見えにくい吊り棚には、ラベルをつけたBOXをおくとひと目でわかる。

収納法 3 高さのある缶や長い箱はブックスタンドで

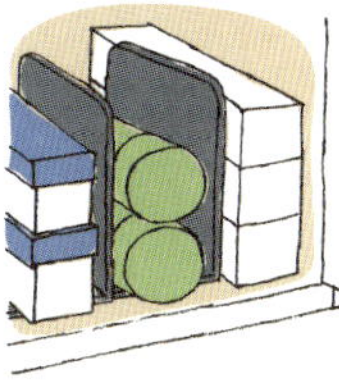

ブックスタンドを使えば、無駄なスペースを作らずに収納できる。

収納法 4 キッチンペーパーの収納は引き出しに

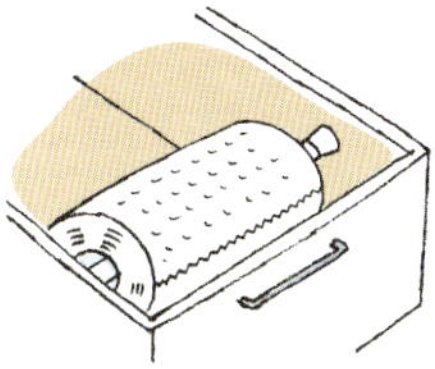

引き出しの中に突っ張り棒をわたして、ペーパーを通す。

ポイント よく使うものは近くに収納

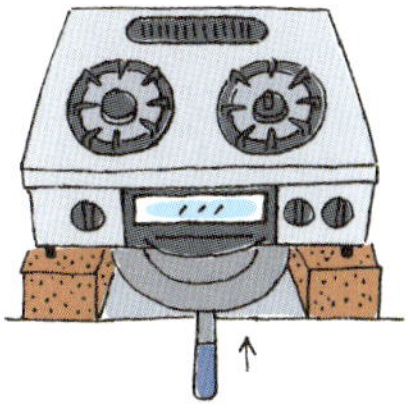

耐熱効果のあるレンガを、両サイドにおいてフライパン収納に。

油や塩などのよく使うものはレンジまわりにまとめてBOXに収納。

水切りラックの使い方いろいろ

キッチンペーパー台に

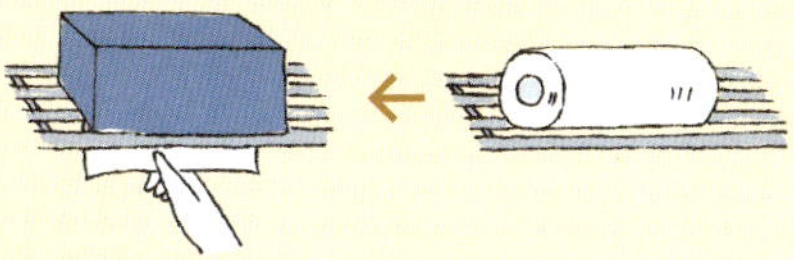

箱で隠して、ラックのすき間から取り出す。

ラックの上にキッチンペーパーをおく。

レシピのチェックに

事務用クリップとS字フックでレシピをチェック。

カップホルダーに

S字フックで、ふだん使いのカップを吊り下げる。

週に1度は

レンジ台の重曹そうじ

レンジ台はこまめにお手入れしても、除々に汚れがたまりがちです。週に1度はしっかりとそうじをし、常にきれいに保ちましょう。

壁の汚れ

壁に重曹水をスプレーする。

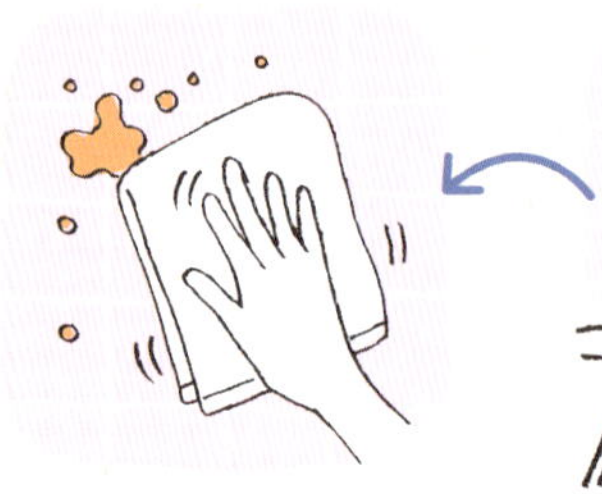

仕上げにふきんで汚れをふき取る。

レンジ台の汚れ

重曹水をスプレーし、しばらくおいてふき取る。

ガンコなレンジ台の汚れ

汚れている部分を重曹ペーストをつけた歯ブラシでこすり、ふき取る。

受け皿の汚れ

受け皿全体に重曹ペーストをぬる。

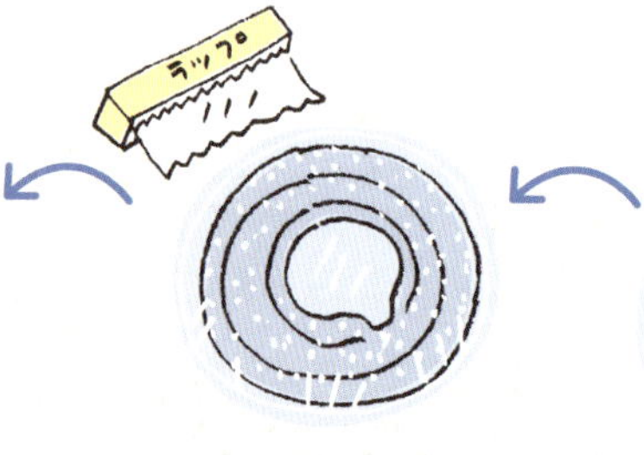

受け皿をラップで包み、1時間放置する。

ラップをはずし、古新聞でふき取り、水で洗い流す。

グリルの汚れ

グリル全体に重曹パウダーをふりかける。

スポンジに中性洗剤をつけて、こするように磨く。

魚を焼くときに、受け皿に水と重曹パウダーをふりかけておくと、脂を吸収してそうじが楽になるよ。

ガスバーナーの目づまり

重曹パウダーをふりかけ、酢水をスプレーして汚れを浮かせてふく。

五徳の汚れ

鍋に五徳を入れ、ひたひたになるまで水を入れる。

重曹パウダーを大さじ４入れ、沸騰させる。20分程度沸かす。

ＩＨコンロの汚れ

調理後のまだ温かいうちに重曹水をスプレーし、布で汚れをふき取る。仕上げに乾ぶきをする。

ＩＨコンロのガンコな汚れ

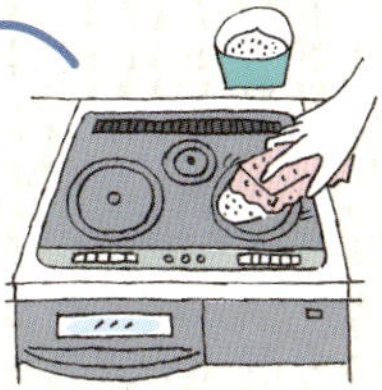

汚れ部分に重曹ペーストをつけてスポンジでこする。

酢水をスプレーし、かたくしぼった布でふき取る。

換気扇のそうじ

換気扇には、ガンコな油汚れがべったりとついています。定期的に取りはずして、徹底的にそうじをするようにしましょう。

ガンコなプロペラの汚れには重曹を

1

重曹ペーストをまんべんなくぬる。

2

1の上からラップをして、2時間放置する。

3

ラップをはずし、酢水をスプレーしてから、水ぶきをする。

プロペラの汚れには小麦粉を使う

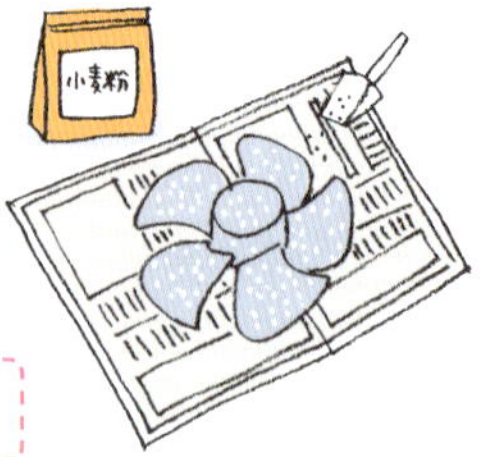

1

はずしたプロペラを新聞紙の上におき、小麦粉をまんべんなくかける。

2

1を2時間ほど放置し、熱めの湯でしぼったぞうきんでふき取る。

はずしたフィルターを熱湯でそうじ

裏側から熱湯を2～3回かけて表側についた汚れを押し流す。

そうじの前にまず確認！

そうじを始める前には、必ずコンセントを抜いてください。時間がないときは、フィルターそうじをするだけでも換気の効率はずいぶん上がります。

壁や部品の汚れの落とし方

！覚えておこう！

取りはずしたネジ

空きビンにぬるま湯と洗剤を入れて、ネジを浸けおき。

換気扇まわりの壁

中性洗剤をスプレーして、ぞうきんでしっかりふき取る。

レンジフードだって徹底そうじ

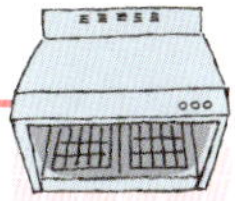

難しく感じるレンジフードも、家庭でそうじができます。
取りはずす方法はメーカーによって違うので、説明書を見て行いましょう。

1 レンジ台の上に新聞紙を敷く。

2 フィルターをはずす。

3 電源がオフになっているかを確認し、ネジをゆるめてファンをはずす。

4 シンクに50℃前後の湯を張り、少量の中性洗剤を溶かす。

5 取りはずしたフィルターとファンを汚れのひどい面を下にして4に2時間浸け込む。

6 キッチンペーパーに中性洗剤をしみ込ませ、本体に貼り、3分おく。

7 5のファンを歯ブラシでこすり、フィルターは上下左右にふり洗いし、十分にすすいで乾かす。

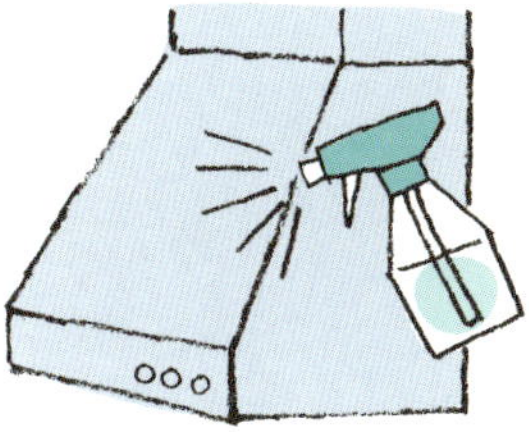

8 フード部分に中性洗剤をスプレーし、汚れをふき取る。はずした部品を取りつける。

レンジフードの油汚れは、
時間がたつほど取れにくく
なるので3カ月に1回は
そうじしましょう。

キッチンのおそうじ術

調理器具のそうじ

調理器具は、使うたびに汚れや焦げが発生してしまいます。トラブルに応じた知恵を使い、きれいな状態で長く愛用しましょう。

すき間時間でできる調理器具のプチそうじ

3分

外側のしつこい焦げにはレモンと塩

なかなか取れない焦げには塩をふってレモンでこする。

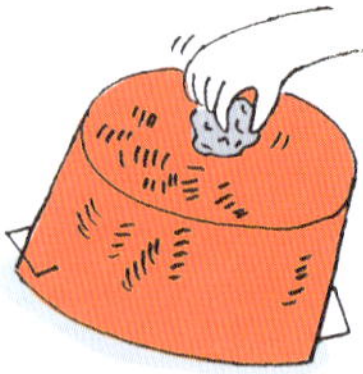

1分

鍋の外側の焦げはアルミホイルで

丸めたアルミホイルで磨くだけできれいに落ちる。

3分

フライパンのガンコな焦げには卵のカラ

細かく砕いた卵のカラを入れてタワシでこする。

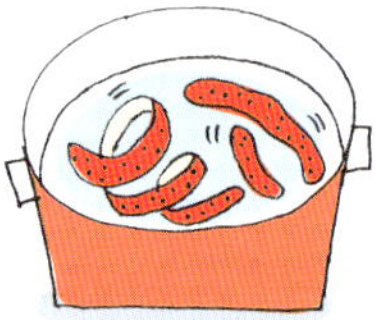

5分

アルミ鍋の黒ずみにはリンゴの皮を煮る

リンゴの酸が、黒ずみを落とす。皮を煮つめるだけでOK。

じゃがいもを煮て鍋の汚れを取る

じゃがいもを鍋に入れ、水を足しながらトロトロになるまで煮込む。じゃがいもに含まれるサポニンが汚れをはがしてくれ、鍋がきれいになります。

1分

やかんの水アカはレモンで落とす

レモンの切れ端で水アカ部分をこするだけ。

切れない包丁のお手入れ法

ケガに注意！

覚えておこう！

アルミホイル

折りたたんだアルミホイルを数回切る。

茶がら

乾燥させた茶がらをパックに入れてよく磨く。

大根の切れ端

切れ端に歯磨き粉をつけてよく磨く。

鍋の素材別お手入れ法

銅鍋のくすみ

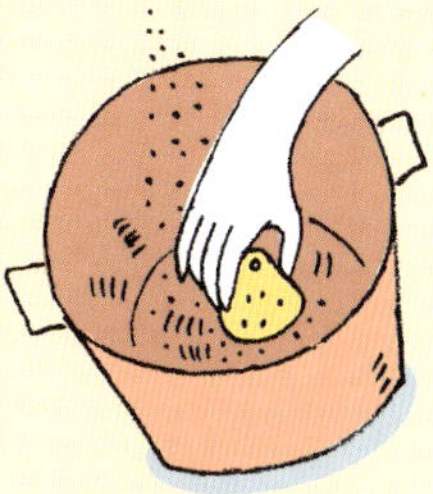

鍋に塩をたっぷり入れて、レモンで磨くとピカピカに。

鉄鍋のさび止め

パックに入れた茶がらでふくとさびにくい鍋になる。

アルミ鍋の黒ずみ

水とレモンを入れて10分ほど煮ても黒ずみが落ちる。

フライパン・鍋のふたの収納法

おき場所に困るフライパンと鍋のふたのアイデア収納法を紹介します。
これでキッチンもすっきりすること間違いなし。

複数のフライパンは書類ケースを合体させて収納

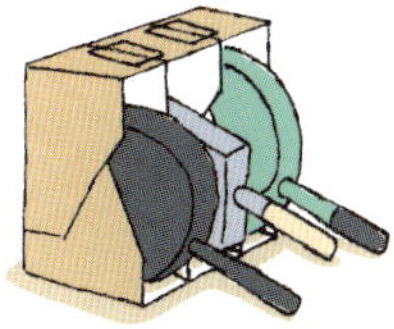

フライパンの数に合わせて作る。上をつなげて、シンク下に収納。

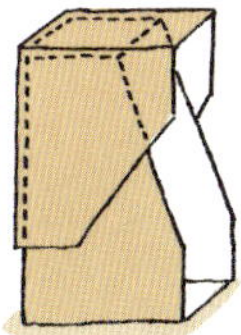

B5サイズの書類ケースを上に重ねる。

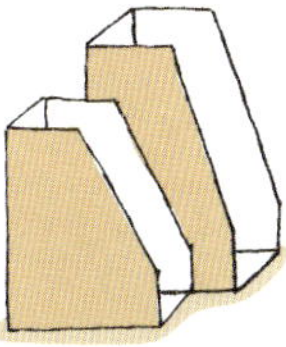

B5サイズとA4サイズの書類ケースを2つ用意。

収まりの悪い鍋のふたは立てて収納

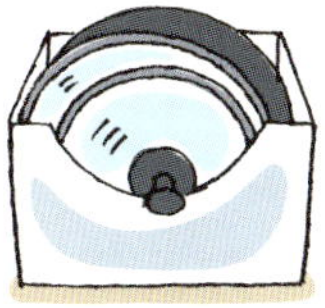

書類ケースにまとめて、ざっくり収納。

引き出しに突っ張り棒を入れて、ふたを差す。

単品のフライパンは書類ケースに収納

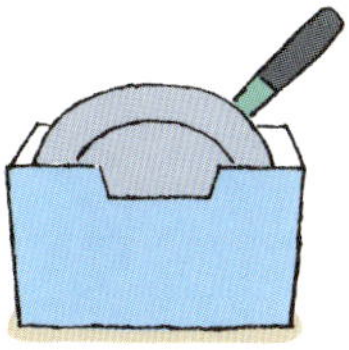

フライパンをそのまま書類ケースに入れる。

キッチンのおそうじ術

キッチン家電のそうじ

キッチン家電は機能によって
汚れのタイプが異なるのが難点です。
取りにくいところの汚れも
きれいに落とすアイデアを紹介します。

すき間時間でできるキッチン家電のプチそうじ

5分

水をチンしてレンジ内の汚れを浮かせる

耐熱容器に水を入れて加熱。湿らせたふきんでふき、仕上げに乾ぶきする。

消毒用
アルコール

3分

外側の汚れは消毒用アルコールでふく

キッチン家電の外側の汚れは消毒用アルコールでふき取る。

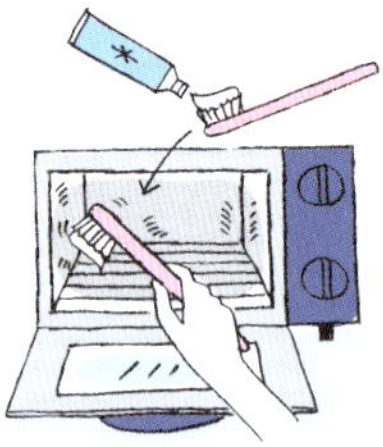

3分

トースターの焦げは歯磨き粉で落とす

トースター内部の焦げは歯磨き粉をつけた歯ブラシでこすり、水ぶきする。

安全のため
コンセントは
抜いてください。

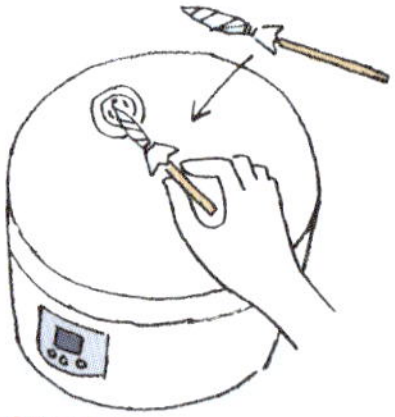

1分

取りにくい蒸気口の目づまりは竹串で取る

竹串と布を使って目づまりを解消する。

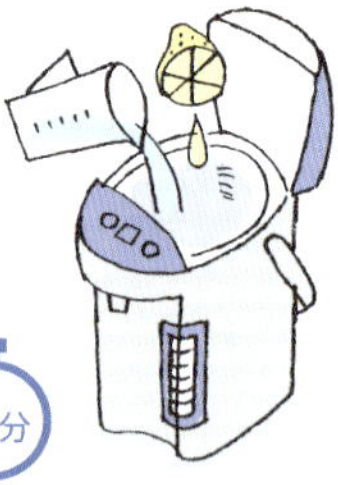

3分

電気ポットの水アカはレモン汁でシェイク

ポットの中にレモン汁と水を入れ、シェイクする。

他にもあるキッチン家電のそうじ術

! 覚えておこう!

ミキサー

磨きにくい刃のそうじには、砕いた卵のカラと水を入れてミキサーを回す。

コーヒーメーカー

酢水をタンクの最高位まで入れ、電源を入れて２回ドリップする。

ホットプレート

使用後に氷をのせて汚れを浮かし、冷めたらキッチンペーパーでふき取る。

週に1度は

キッチン家電の重曹そうじ

キッチン家電は白いものが多いので、汚れが目立ちやすいのが問題です。重曹を活用して、こまめに落とすようにしましょう。

キッチン家電の外側の油汚れ

汚れに重曹水をスプレーしてふき取る。

回転皿のガンコな汚れ

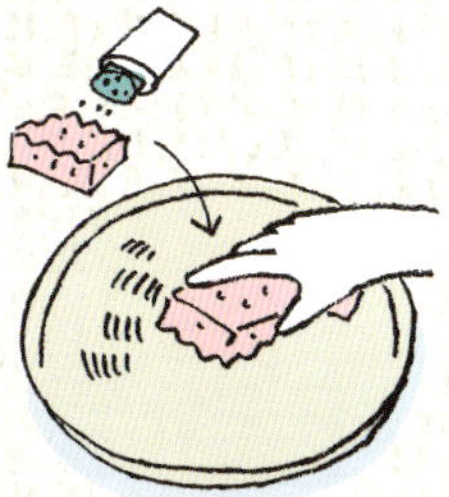

湿らせたスポンジに重曹パウダーをふりかけてこする。

炊飯器の釜の汚れ

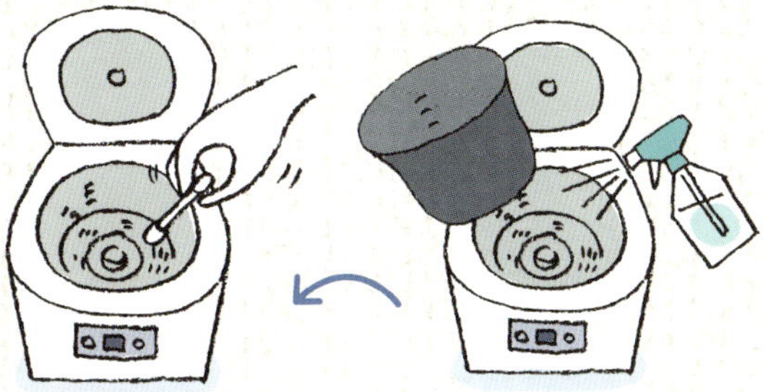

釜の部分に重曹水をスプレーする。

気になる汚れを綿棒でこすり取る。仕上げに乾ぶきする。

食器洗い機の汚れ

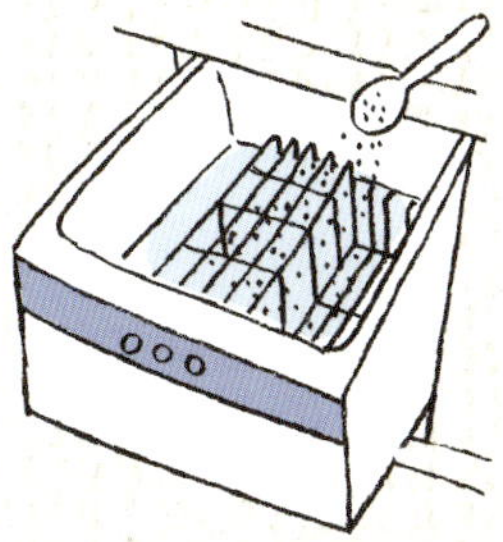

重曹パウダー大さじ１を食器洗い機にふりかけて食器を入れ、そのまま稼動させる。

泡立て器の汚れ

ぬるま湯に重曹パウダー大さじ４を入れ、泡立て器を作動させる。

キッチンのおそうじ術

冷蔵庫のそうじ

冷蔵庫は、においやカビが気になるところです。各パーツを取り出して、定期的にそうじするように心がけましょう。

そうじの前にまず確認！

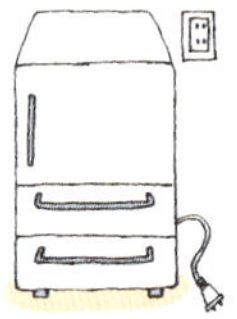

故障の原因になるので、冷蔵庫のそうじを始める前には必ずコンセントを抜いてください。この際、賞味期限切れの食品なども捨てましょう。

冷蔵庫の仕上げそうじ

！覚えておこう！

消臭

小さな容器に重曹パウダーを入れて、各室内においておく。

除菌

アルコールをしみ込ませた布で仕上げぶき。ただし、プラスチック部分にはNG。

A

はずした部品を磨く

1

少量の中性洗剤を入れた水の中に、はずしたパーツをしばらく浸ける。

↓

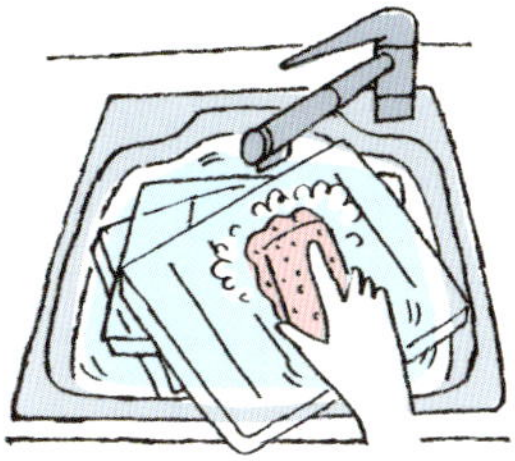

2

浸けておいたパーツをスポンジで洗い、乾かす。

B

こびりついた調味料の汚れ

こびりついた汚れは重曹ペーストをつけてこする。

C

庫内のそうじは重曹水を使う

重曹水をスプレーし、しっかりふき取る。

D

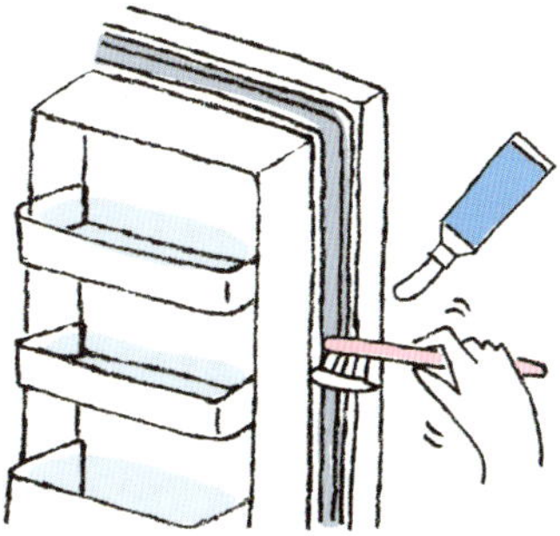

パッキン部分のカビは歯磨き粉で

湿らせた歯ブラシに歯磨き粉をつけて磨く。

E

ガンコな汚れは重曹水を使って

ふいても取れないガンコな汚れは、重曹水を含ませた布で。

F

外側は熱い湯でしぼった布でふく

外側は、熱い湯でしぼった布でふくと汚れが浮いて取れやすい。

冷蔵庫の収納法

食品によって収納場所が変わる冷蔵庫。
どの場所も見やすく、わかりやすくするのが基本です。

冷蔵室の収納法 1　手前に期限目前の食品用 BOX を用意

賞味期限がせまった食品の専用BOXを用意。期限切れになるのを防ぐ。

冷蔵室の収納法 2　たくさんあるビン類はまとめてカゴに

種類が豊富なビン類はまとめてカゴに入れるとスッキリ。

冷蔵室の収納法 3　突っ張り棒の吊り下げ収納でスペースを作る

突っ張り棒とフックつきクリップで袋ものを吊り下げる。

野菜室の収納法 1　葉もの野菜は新聞紙で鮮度を保つ

ほうれん草などの葉もの野菜は、湿らせた新聞紙に包んで収納。

冷凍室の収納法 1

冷凍食品はブックスタンドで立てる

立てて入れると探しやすくなるうえ、収納力も UP のダブル効果。

野菜室の収納法 2

ねぎやアスパラは牛乳パックに立てて収納

土から伸びる野菜は立てて収納すると鮮度が長持ち。

冷凍室の収納法 2

事務用クリップとラベル使いで見やすく

開いている袋は事務用クリップとラベル使いでわかりやすくする。

ポイント

ドアポケットのアイデア収納

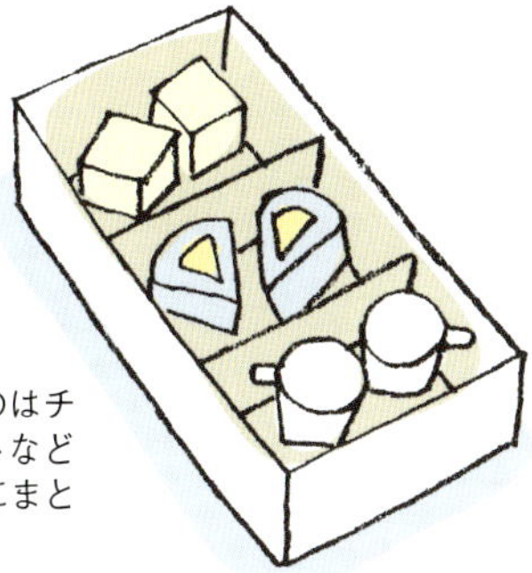

細かいものはチョコレートなどの空き箱にまとめる。

チューブ容器はドアポケットにクリップではさんで。

食器まわりのそうじ

食器類やカトラリーは、すぐにくすんだり、くもったりします。においから茶しぶ対策まで、手軽にできるそうじ法を紹介します。

すき間時間でできる食器まわりのプチそうじ

3分

食器棚は乾ぶきでお手入れ

白木のものは乾ぶきが基本、塗装してあれば、水ぶきしてから乾ぶきを。

1分

ガンコなコーヒーじみや茶しぶは塩でこする

なかなか取れないコーヒーじみや茶しぶも塩でこすればすぐに取れる。

3分

口の狭いビン類は卵のカラと酢水で洗浄

洗いにくいビンは酢水と卵のカラを入れてシェイクする。

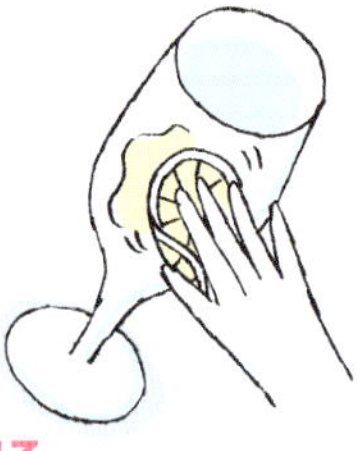

1分

グラスのくもりはレモンで取る

ガラス製品のくすみやくもりはレモンでこする。

1分

フォークなどの銀製品のくもりには酢

酢酸が銀製品の汚れを溶かすため、輝きがよみがえる。

食器の油汚れに小麦粉

油がべっとりついた皿は、ぬるま湯に大さじ2～3杯の小麦粉を溶かして、5分ほど浸けおきすればきれいになります。

食器とグラスの簡単くすみ取り

！覚えておこう！

湯+酢

湯と酢を入れ、20分浸けおき。酢酸によりくすみが解消。

米のとぎ汁

15分浸けおきすると、でんぷん質によりくすみが解消。

食器棚の収納法

棚の上の空いたスペースをどう使うかが食器棚の収納のポイントです。
取り出しやすさも考えて収納するようにしましょう。

収納法 1 椀ものは上下交互においても収納力 UP

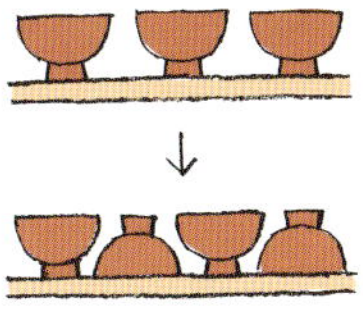

交互にして無駄なスペースをなくす。さらに、重ねて効率よく。

収納法 2 グラスは同じ種類で並べると使いやすい

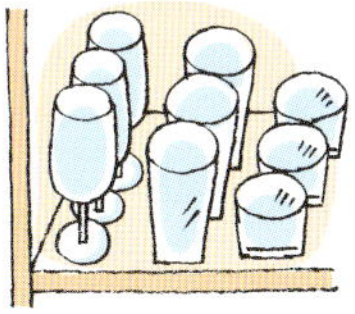

縦一列に並べておけば、取り出しやすくて見た目もきれい。

収納法 3 カップは食器棚に吊るして収納

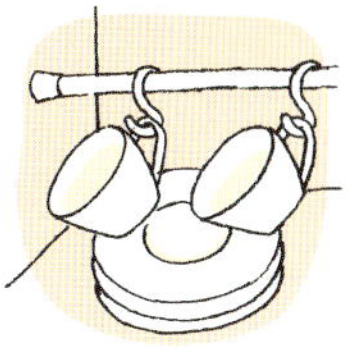

突っ張り棒を横にわたして、S字フックで吊り下げる。

収納法 4 茶筒やコーヒー缶は寝かせて収納

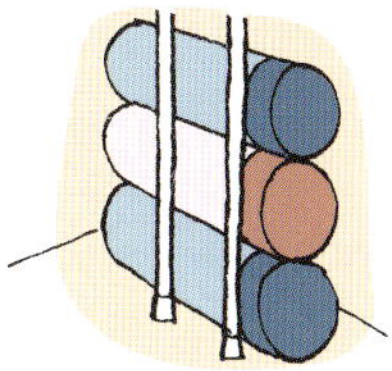

突っ張り棒を縦にわたして、寝かせると省スペースに。

収納法 5 コの字ラックをおいて2段で収納

食器棚の上の空間を生かすには、市販のコの字ラックが便利。

収納法 6 引き出し内のカトラリーに箱×箱

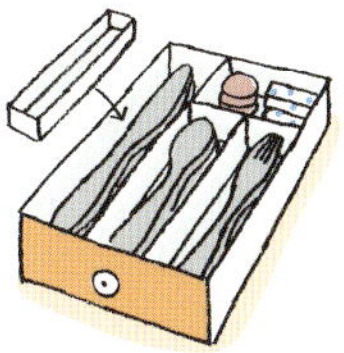

ゴチャゴチャになりがちなカトラリーはサイズの合う箱で仕切る。

皿は立てて入れると楽に取り出せるよ。

皿の収納アイデア

小皿

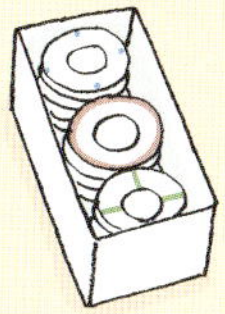

同じ大きさの小皿はまとめて、BOXに収納。

大皿

枚数が多いときは、ブックスタンドを使って立てる。

枚数が少ないときは、書類ケースに入れて立てる。

キッチンツールのそうじ

こまごましたキッチンツールや小もの類も、日々お手入れをしておくことが大切です。短時間でできることも多いので、すぐにスタートしましょう。

すき間時間でできるキッチンツールのプチそうじ

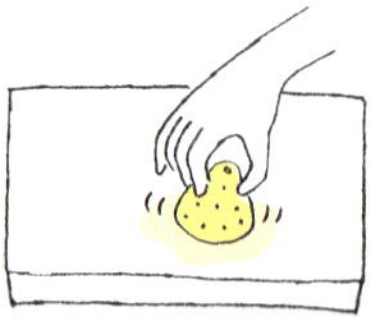

1分

まな板のにおいにはレモン

まな板に食材のにおいがついたら、レモンの切り口でこする。

1分

まな板の汚れには塩をふって

汚れを取りたいところに塩をふって、スポンジでこする。

1分

キッチンばさみの切れ味を復活

たたんだアルミホイルを数回切るだけでOK。

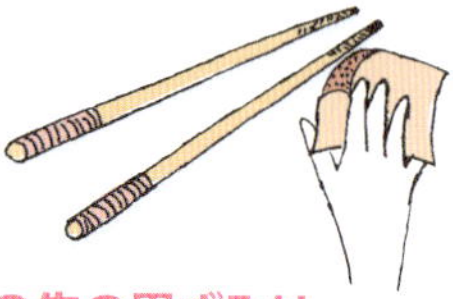

1分

菜ばしの先の黒ずみは削り落とす

1000～1500番のサンドペーパーでゆっくり削って落とす。

5分

ふきんの漂白は卵のカラにおまかせ

鍋にふきんと水、卵のカラを入れて煮込む。

3分

スポンジの除菌には熱湯消毒

洗いものが終わったら、最後の仕上げに熱湯消毒。

季節限定

漆器がピカピカになる「梅ふきん」を作ろう

覚えておこう!

青梅を10個程度用意

梅の種とくだいた実を鍋に入れ、ひたひたの水で10分煮出す。

煮汁が色づいたら火を止め、清潔なふきんを浸しておく。

陰干しにして乾燥させて完成。

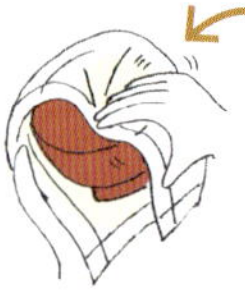

漆器類を乾ぶきするだけでツヤが出る。

キッチンツールの収納法

レードルやまな板など、おき場所に困るキッチンツールも
アイデアひとつで楽に収納できます。

収納法1 タオルハンガーでまな板の収納場所を確保

重さがあるので、ネジ留めタイプのタオルハンガーを使う。

収納法2 不要な書類ケースにまな板を収納

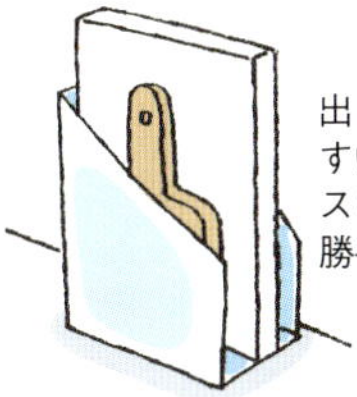

出し入れしやすい書類ケースなら、使い勝手も抜群。

収納法3 洗濯ばさみでスポンジを吊り下げ収納

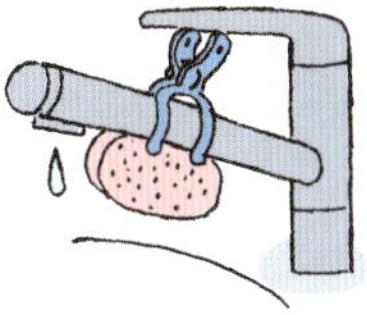

吊るしておけば、水気がよく切れる。風に吹かれて清潔さをキープ。

ポイント 電話帳に収納して包丁のさびを予防

電話帳の２面をガムテープでしっかりふさぐ。

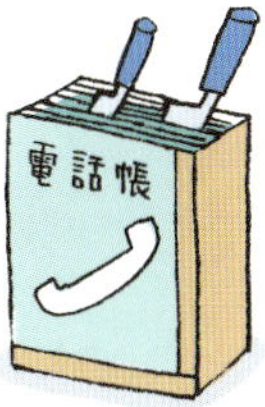

電話帳を立てて包丁を刺し、シンク下などに収納。

収納法4 細かいお弁当グッズはお弁当箱に

なくしてしまいがちな、お弁当グッズもお弁当箱の中なら安心。

レードルの収納アイデア

レンジフードにかけて

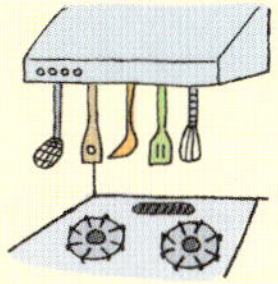

磁石フックをレンジフードにつけて、吊り下げて収納。

フック使いで壁にかけて

使い勝手のよい位置に市販のフックを取りつけて、吊り下げ収納。

容器に立てて

広口の容器に立てて収納。つめ込みすぎないようにすると取り出しやすい。

カゴに寝かせて

形もまちまちなレードルは、お気に入りのカゴに布を敷いて収納。

ゴミ箱のそうじとにおい対策

ゴミ箱は、油断していると
すぐににおいが発生します。
ゴミ箱のそうじ方法と、
においの予防法をマスターしましょう。

ゴミのにおい
何とかして～

ゴミ箱の中のガンコな汚れに卵のカラ

ゴミ箱の中に水と卵のカラを入れてひと晩おき、汚れをふき取る。

ゴミ箱の汚れは重曹水で落とす

内側と外側に重曹水をスプレーし、こするようにしてふき取る。

野菜の生ゴミは新聞紙に包んで捨てる

1

新聞紙の上で皮をむく。

2

そのまま、包んでゴミ箱へ。新聞紙が水分を吸って、においを防ぐ。

魚のアラは冷凍庫で凍らせる

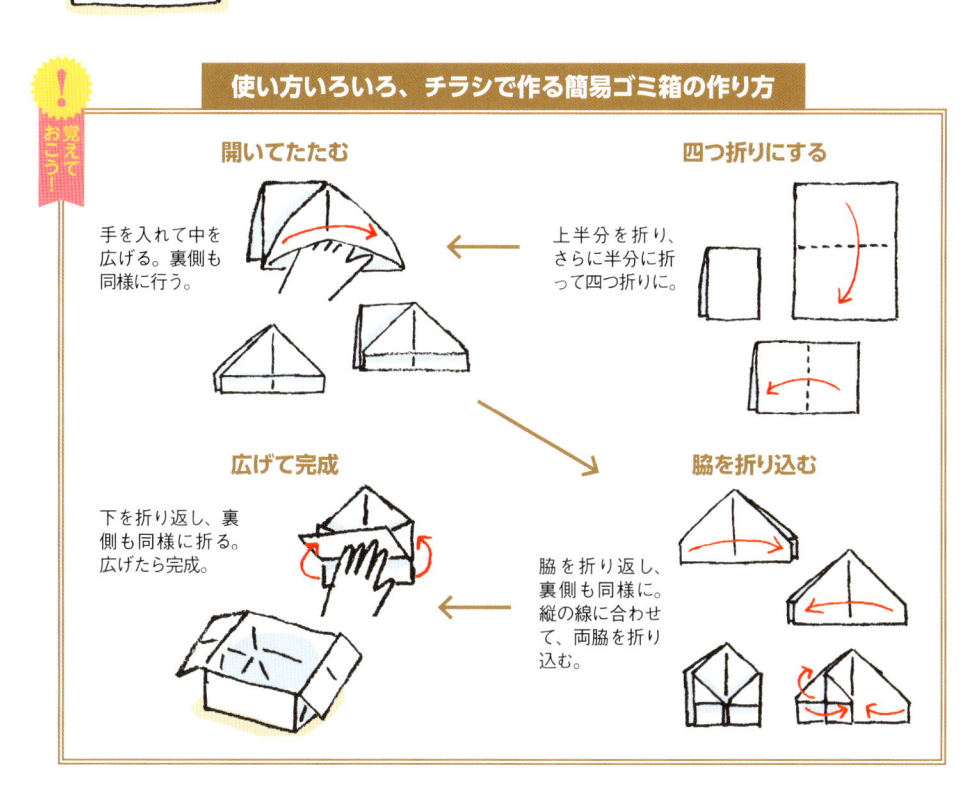

1

アラをビニール袋に入れる。

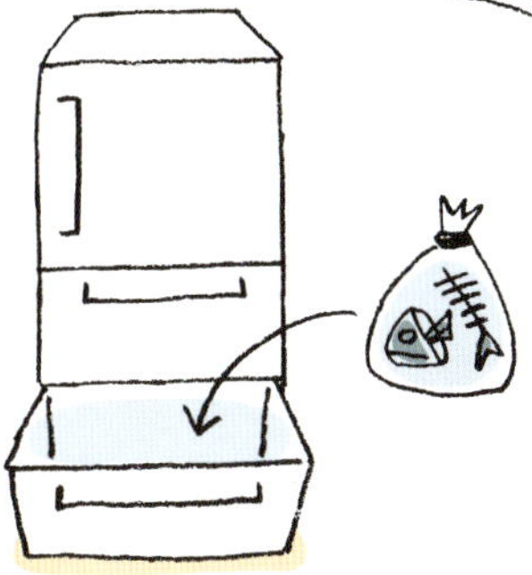

2

そのまま冷凍庫に入れて、ゴミの日に捨てる。

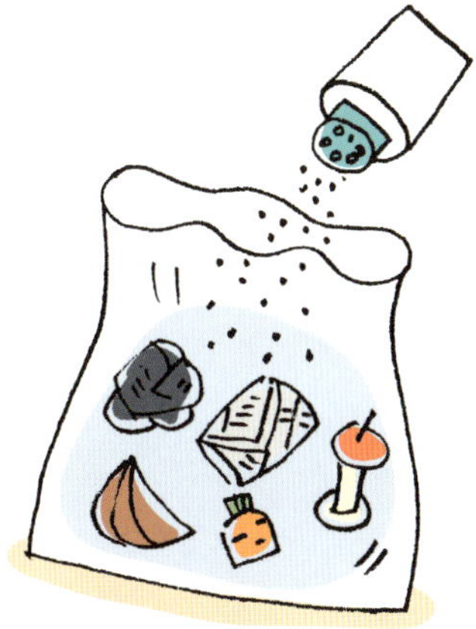

ゴミ袋には重曹パウダー

においが気になるときは、ゴミ袋の中に重曹パウダーをふりかける。

覚えておこう!

使い方いろいろ、チラシで作る簡易ゴミ箱の作り方

四つ折りにする

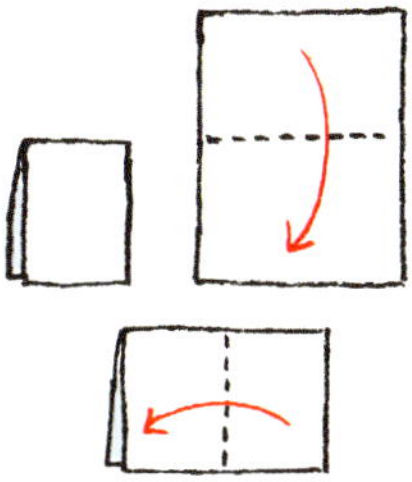

上半分を折り、さらに半分に折って四つ折りに。

開いてたたむ

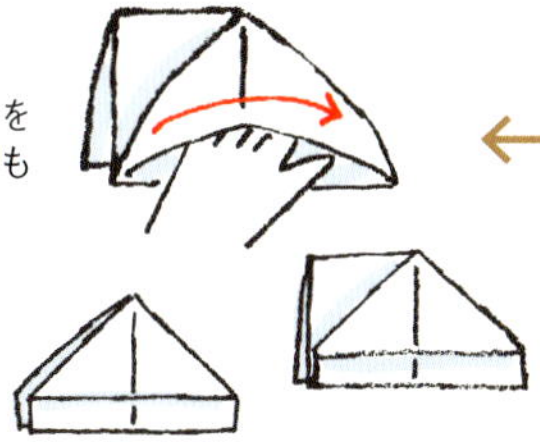

手を入れて中を広げる。裏側も同様に行う。

脇を折り込む

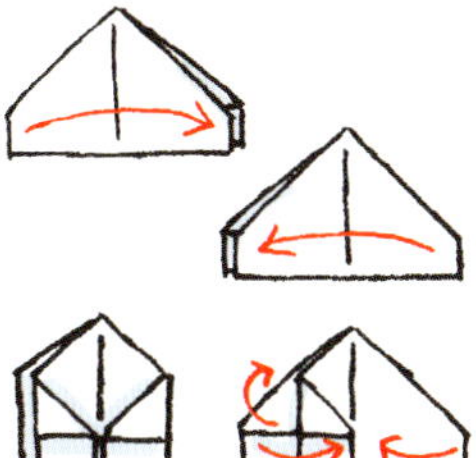

脇を折り返し、裏側も同様に。縦の線に合わせて、両脇を折り込む。

広げて完成

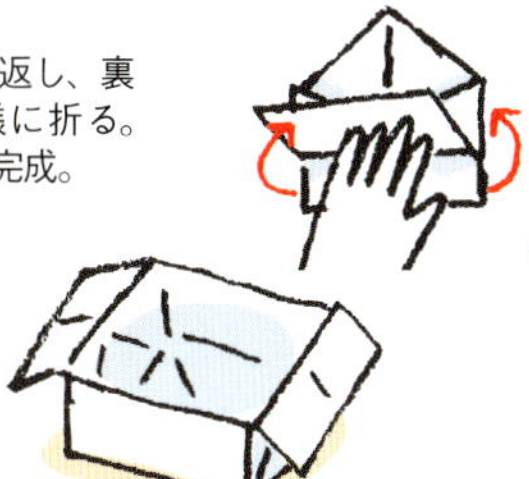

下を折り返し、裏側も同様に折る。広げたら完成。

ゴミ袋の収納と虫対策

いつの間にかレジ袋が大量にたまったり、虫が発生したり……。
そんなゴミに関する問題を解決します。

収納法1 ゴミ箱をスッキリ見せる収納アイデア

小さいゴミ箱に袋をつけて、そのまま大きいゴミ箱に重ねる。見た目重視のスッキリ収納。

収納法2 お気に入りの箱を分別もできるゴミ箱に

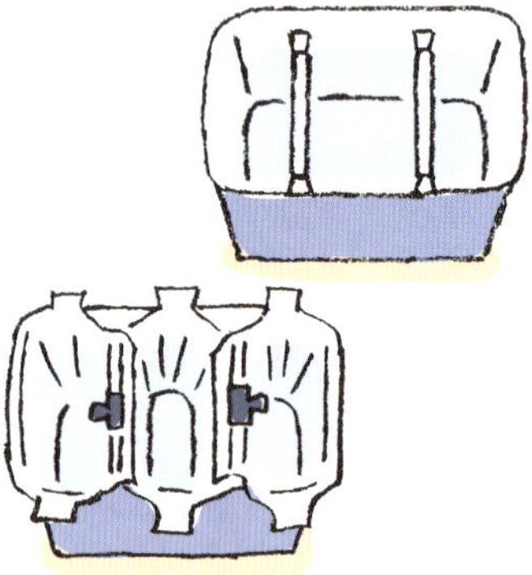

箱に突っ張り棒を2つわたし、ビニール袋をクリップで留めて完成。

収納法3 ゴミ袋はゴミ箱の底に入れておく

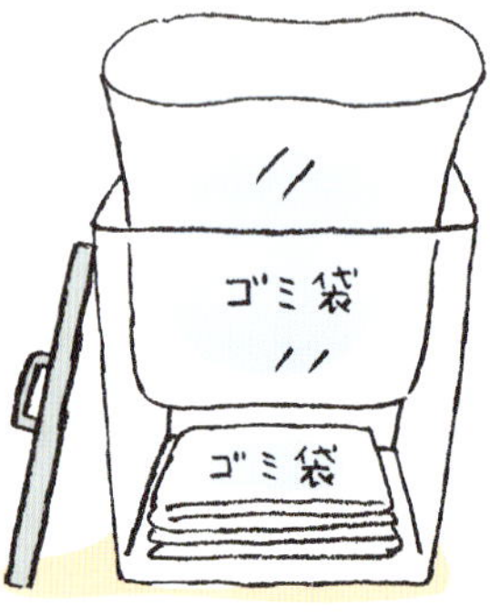

ゴミ箱の底に小さくたたんだゴミ袋をおいておく。ゴミがいっぱいになったらすぐに取り替えられる。

ポイント ペットボトルのレジ袋収納法

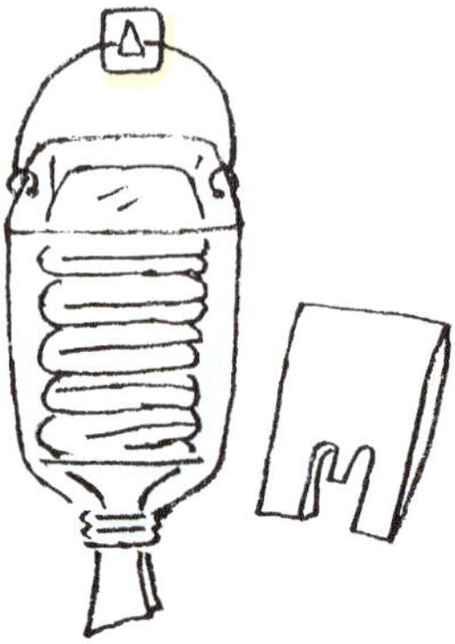

ペットボトルの底を切り、レジ袋の持ち手を下にして、たたんで収納。使う場所の近くに設置しましょう。

ポイント ティッシュの箱を使ったレジ袋収納法

折った部分を交互にかみ合わせる。

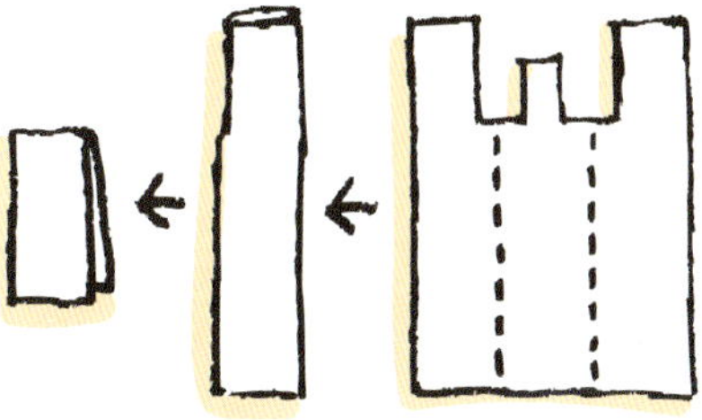

レジ袋を縦に三つ折りにし、さらに横半分に折る。

片側を開いたティッシュの空き箱に入れて完成。

レジ袋もスッキリ収納
できて、取り出しも
簡単ですよ!

ゴミまわりの虫対策

ゴミおき場の虫対策

ゴミ袋には殺虫剤をかける。捨てたあとに虫が発生するのを予防できる。

小バエ対策

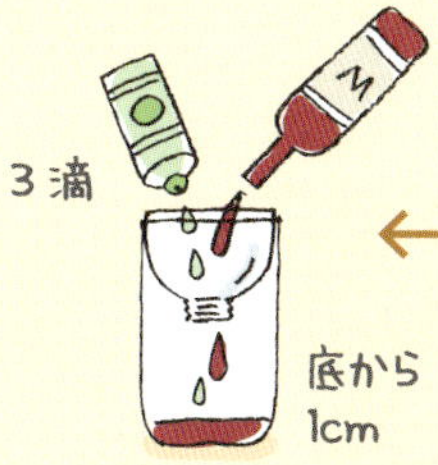
3滴
底から
1cm

赤ワインを1cm入れ、中性洗剤を3滴ほど加える。ハエが中に落ちる。

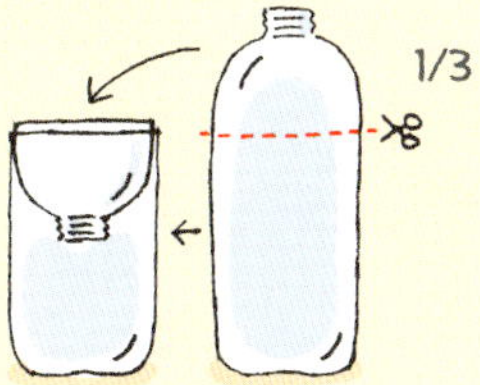
1/3

ペットボトルの先を1/3カットして逆さまにする。

そうじも収納も楽に!

ものを捨てるための判断ポイント

収納スペースから部屋にものがあふれ出すと、そうじがしにくくなります。捨てる基準を持って、ものが増えないようにしていきましょう。

キッチン

使っているようで使っていないものが多いので、よく選別しましょう。

捨てるサイン 1 使いにくい食器

洗いにくい、重いなど使いにくいと感じている食器は捨てる。

捨てるサイン 2 同じ用途のものがいくつもある

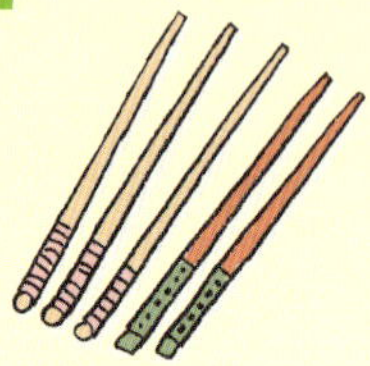

菜ばしやお玉など、同じ使い道のものは必要分だけ残して捨てる。

捨てるサイン 3 思い入れのある高額だったお皿

高級なアイテムでも使っていないものは思い切って捨てる。

捨てるサイン 4 ずっと凍らせている冷凍食品

冷凍食品でも開封したものは1～2カ月が賞味期限。古いものは捨てる。

捨てるサイン 5 何年も使っていない食器

食器棚に入っているけれど、ずっと使っていない食器は捨てる。

捨てるサイン 6 収納し切れない保存容器

決めた収納場所に保存容器が入らなくなったら、入らない分を捨てる。

捨てるサイン 7 保存したままの保存食

保存状態によっては、ダメになるものも。においや味に異変があれば捨てる。

捨てるサイン 8 賞味期限の切れた調味料

賞味期限以内に使い切れないものは、使えないので捨てる。

捨てるサイン 9 使っていないキッチン家電

ホームベーカリーなど嗜好性の高い家電も1年間使わなかったら捨てる。

リビング・ダイニング

定期的に増えていく本や明細書など、ものがあふれやすいのでこまめにチェックを。

捨てるサイン 1 一時期はまった趣味のもの

カメラやCDなど、今は使わなくなってしまったものは捨てる。

捨てるサイン 2 読み返したことがない本

いつか読み返そうと思っている本は、思い切って捨てる。

捨てるサイン 3 同じ用途のものが複数ある

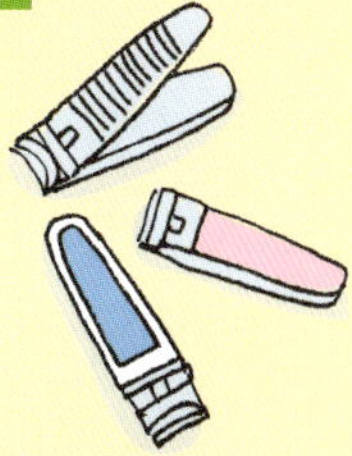

爪切りや体温計など、同じものがたくさんあるときは必要分を残して捨てる。

捨てるサイン 4 期間の過ぎた保証書

製品についてくる保証書も保証期間が過ぎていたら捨てる。

捨てるサイン 5 どこにあるか思い出せない小もの

使いたいときにいつも場所が思い出せないものは、見つけたときに捨てる。

捨てるサイン 6 使用期限が切れた薬

使用期限が切れている薬は、飲めないので捨てる。

捨てるサイン 7 読み終わった雑誌

一度読んでから、3カ月読み返していなかったら捨てる。

捨てるサイン 8 あふれたショップの袋

決めている収納スペースからあふれたら、あふれた分を捨てる。

捨てるサイン 9 3カ月以上前の明細書

家計チェック用に以前の金額と比較できたら捨てる。保管目安は3カ月。

サニタリー

ストック品や化粧品など、不要なものを整理して、すっきりさせましょう。

捨てるサイン 1　未使用のアイデアグッズ

便利に見えるアイデア商品も使っていないなら捨てる。

捨てるサイン 2　1年以上未開封の化粧品

1年以上未開封なら、今後も使わないものと考えて捨てる。

捨てるサイン 3　2個以上のストック品

ストック品は多くても2個まで、それ以上はおかない。

捨てるサイン 4　同じタイプのブラシがいくつもある

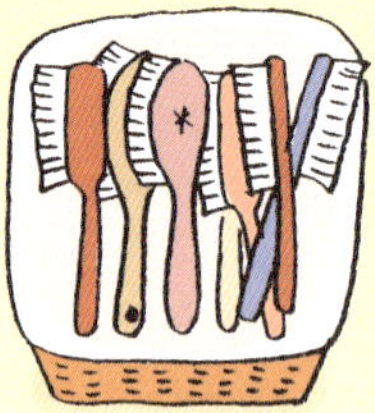

使い道は同じなのに、いつの間にかたまっているブラシは捨てる。

捨てるサイン 5　流行が去った化粧品

口紅やグロスは流行に左右されやすいので、時代遅れと感じたら捨てる。

捨てるサイン 6　古いサンプルやアメニティグッズ

ついついもらってしまうものも、半年間使っていなければ捨てる。

捨てるサイン 7　1年以上使っていない入浴剤

好き嫌いが出る入浴剤は、1年間使わなかったら捨てる。

捨てるサイン 8　収納し切れないタオル

もらいものなどで、決めた収納スペースからあふれたら、あふれた分を捨てる。

捨てるサイン 9　硬くなったマニキュア

使い切れないと硬くなってくるので、ぬり心地が悪くなったら捨てる。

収納スペース

とりあえずしまってあるものを捨てて収納率70％を目指しましょう。

捨てるサイン 1 衝動買いした着ていない衣類

ついつい買ってしまった服は、着ていなければ捨てる。

捨てるサイン 2 使っていない健康グッズ

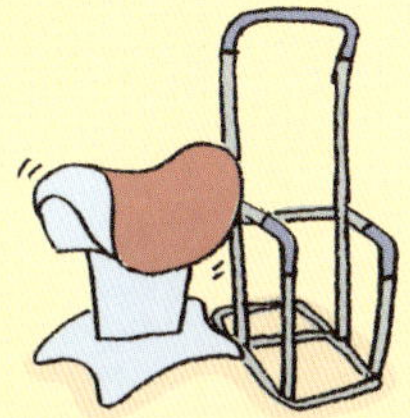

健康器具などのブームで買ったけれど、活用していないものは捨てる。

捨てるサイン 3 サイズが合わなくなったもの

お気に入りでも、今は着られない衣類は捨てる。

捨てるサイン 4 好みではないプレゼント

もらいものだからと気を使うけれど、使わなければ迷わず捨てる。

捨てるサイン 5 1年以上使っていないイベントグッズ

季節ごとに楽しむグッズも、1年間使わなければ捨てる。

捨てるサイン 6 収納し切れないアクセサリー

決めた収納スペースからあふれたら、収まるように捨てる。

捨てるサイン 7 増えすぎたコート

毎年買ってしまうコートも3着あれば大丈夫。1着増えたら、1着捨てる。

捨てるサイン 8 流行遅れのジャケット

流行でデザインが変わりやすいので、デザインが古くなったら捨てる。

捨てるサイン 9 使う機会が少ないゲスト用の布団

せっかく用意したゲスト用布団も、年に1回しか使わない程度なら捨てる。

第２章
リビング・ダイニングのおそうじ術

リビングは、家の中で最も長い
時間を過ごす部屋です。
快適に過ごすためには、いつもきれいに
そうじをしておきたいところ。
床や壁、天井はもちろん、
家具やAV機器のそうじ法まで紹介します。

マンガでわかるパパッとさんの知恵

リビング・ダイニング編

目指せ！
ホコリ0《ゼロ》リビング
クシュン！
ホコリ舞い散る季節!?
逃げろ！
ここはパパッとそうじでのりきろう！
リビングのそうじは身近なもので
ゴム手袋でカーペットの髪の毛とホコリを
またはラップの芯に輪ゴムを巻きつける
コロコロ
終わったと思ったら…
ペタ
ペタ
ママすき
シール
壁に落書き…
壁にシール…
あ～
こんなときもパパッとそうじの知恵で…
ママのハンドクリーム登場
ジャーン!!
ハンドクリーム
クリームをぬるとはがしやすいよ！
油性ペンの落書きはみかんの皮で
ピカピカのリビングには自然と家族が集まるのね！

床のそうじ

髪の毛やホコリなどで、床が汚れていては部屋の印象は最悪です。まずは床からリビングそうじを始めてみましょう。

すき間時間でできる床のプチそうじ

1分

カーペットについた髪の毛やホコリはゴム手袋で取る

ゴム手袋をはめた手でカーペットをなでると、カーペットに付着した髪の毛などを絡め取れる。

5分

簡易カーペットローラーで細かなホコリを徹底除去

ラップの芯に輪ゴムを数本巻きつけた簡易カーペットローラーで、細かなホコリやペットの毛を絡め取る。

3分

カーペットのシミはレモンでこする

輪切りにしたレモンでカーペットのシミをこすると、レモンの漂白作用がシミを分解。

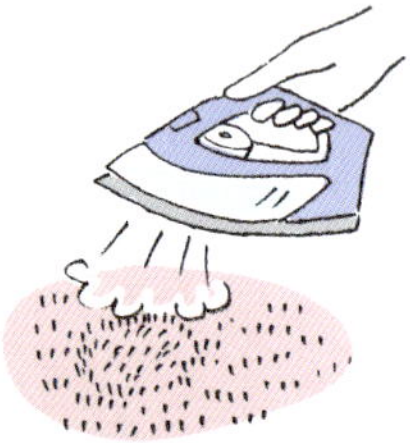

5分

カーペットのへこみはアイロンで復元

家具の重みでできたカーペットのへこみあとは、スチームアイロンの蒸気を当ててブラシで毛を起こすと復元できる。

ペットの尿のシミは酢でふき取る

かたくしぼったぞうきんでたたくようにふき、酢をつけたぞうきんでふく。仕上げに湯でふき取る。

身近なものでフローリングのワックスがけ

覚えておこう!

牛乳

牛乳に含まれる脂肪分がツヤを出して、床をピカピカにしてくれます。

野菜のゆで汁

野菜に含まれる油分がツヤを出します。においもなくて使いやすい。

米のとぎ汁

米ぬかに含まれる油分がツヤを出します。昔ながらのお手軽ワックス。

ビール

ビールのアルコール成分にツヤ出し効果が。においはすぐに消えるのでご安心を。

週に1度は

床の重曹そうじ

重曹はカーペットやフローリングの汚れ取りにも大活躍します。重曹パウダーや重曹ペーストを使い分けてそうじしましょう。

カーペットの汚れ

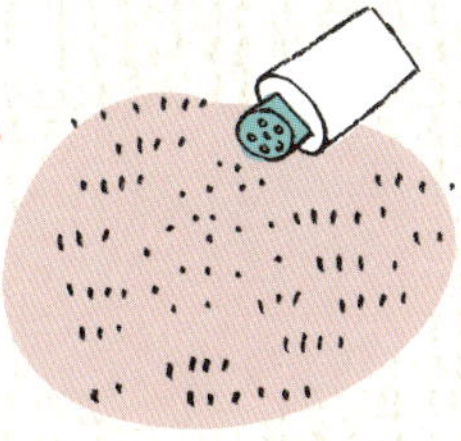

重曹パウダーをふりかけ、２時間ほど放置する。

そうじ機で重曹パウダーを吸い取る。脱臭効果もある。

フローリングの汚れ

汚れ部分に重曹ペーストをおき、しばらくおく。

ぞうきんでこするようにしてふき取る。

カーペットのガンコな汚れ

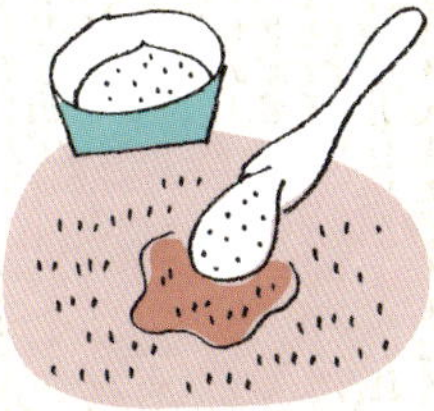

汚れ部分に重曹ペーストをおき、しばらくおく。

乾いたスポンジでたたく。

酢水をスプレーして、ぞうきんでふき取る。

天井・壁のそうじ

ふだんは気にしない天井や壁も、ホコリや黒ずみがけっこうあります。真っ黒にならないように、ちょくちょくきれいにそうじしましょう。

すき間時間でできる天井・壁のプチそうじ

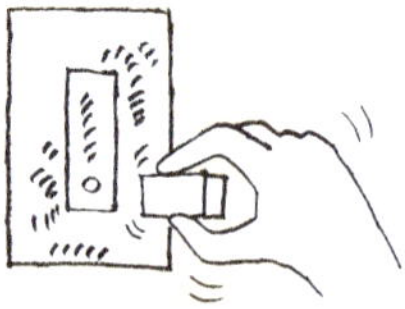

1分

スイッチまわりの汚れは消しゴムで取る

手アカなどがつきやすいスイッチまわりは消しゴムでこすれば解決。

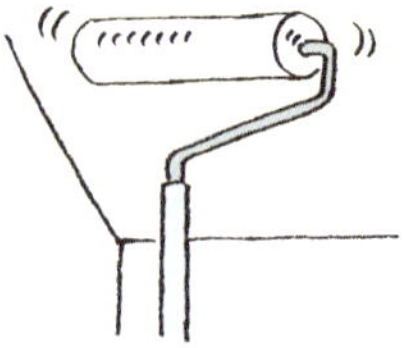

5分

カーペット用の粘着テープを天井にも

天井にくっつけて転がすと、油ボコリが取れる。

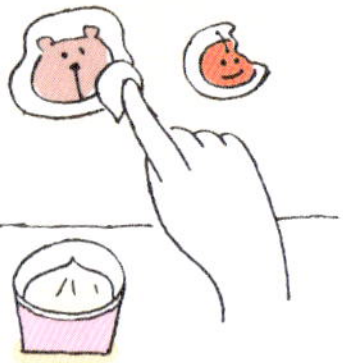

1分

はがしにくいシールにはハンドクリーム

クリームをぬり、しばらくおいてからはがす。

1分

油性ペンの落書きはみかんの皮で落とす

皮の外側に含まれるアルコール分で落書きが消える。

3分

壁に貼りついたセロハンテープにはドライヤー

はがしにくいセロハンテープに温風を当て、浮かしてはがす。

天井まわりのそうじに役立つアイテム

覚えておこう!

ストッキングほうき

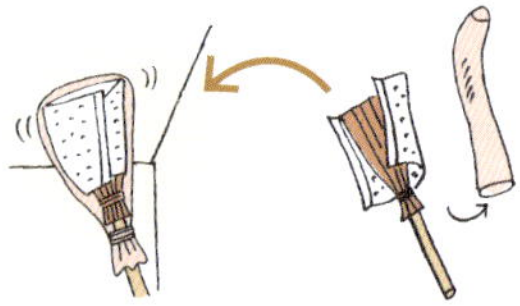

手の届かない天井も、ストッキングの静電気でホコリが取れる。

ほうきにタオルを巻き、ストッキングをかぶせる。

軍手ぞうきん

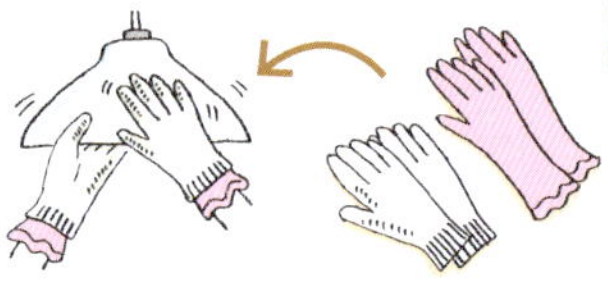

照明など凹凸のあるところのそうじに便利。

ゴム手袋をはめてからかたくしぼった軍手をはめる。

週に1度は

壁まわりの重曹そうじ

黒ずみや子どもの落書きなど、よく見ると汚れがいっぱいなことが。重曹できれいにし、落ち着くリビングを取り戻しましょう。

天井のそうじ

シートタイプのフロアモップに重曹水をスプレーし、天井をふく。

壁のそうじ

まんべんなく重曹水をスプレーし、ふき取る。

壁の落書き

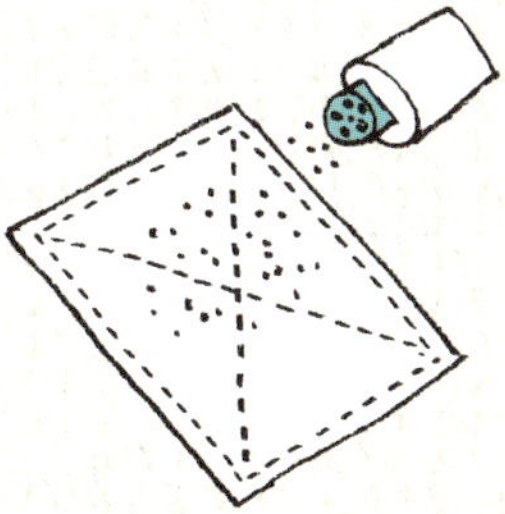

湿らせたぞうきんに重曹パウダーをふりかける。

こするようにしてぞうきんでふき、仕上げに水ぶきする。

スイッチまわりの汚れ

ぞうきんに重曹水をスプレーする。

汚れているところをふく。

覚えておこう！

リビングのにおい取りにも重曹

リビング全体に重曹水を３～４回ほどサッとスプレーする。

AV機器のそうじ

AV機器はホコリだらけだと、故障の原因にもなります。静電気によりホコリがつきやすいので、こまめなそうじがマストです。

すき間時間でできるAV機器のプチそうじ

加湿器のそうじ法

覚えておこう！

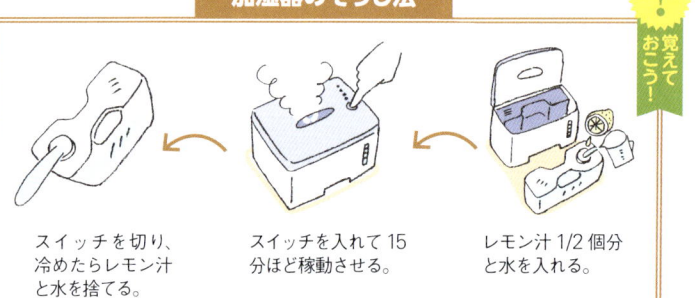

1. レモン汁 1/2 個分と水を入れる。
2. スイッチを入れて 15 分ほど稼動させる。
3. スイッチを切り、冷めたらレモン汁と水を捨てる。

B

3分 **水ぶきできない電話機まわりは筆を使う**

筆に消毒用アルコールをしみ込ませ、なでるようにふく。

A

3分 **テレビ画面はリンスをつけたぞうきんで**

ぬるま湯に少量のリンスを入れ、ぞうきんをかたくしぼってふく。リンス成分が静電気を防ぐ。

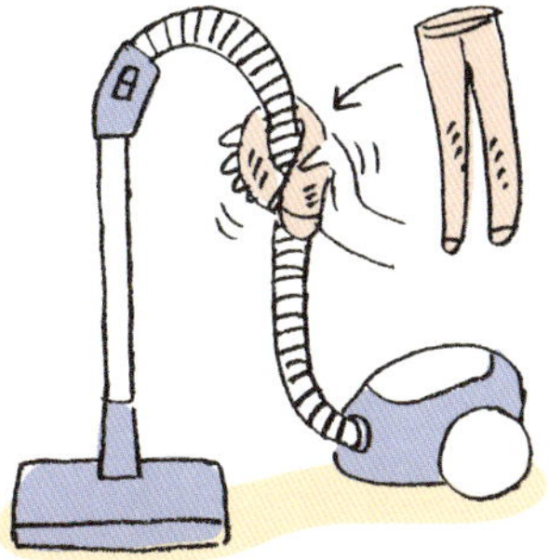

3分 **凹凸のあるそうじ機のホースはストッキングを活用**

蛇腹のホースはストッキングでこするだけでホコリが取れる。

C

1分 **リモコンのホコリは輪ゴムで取る**

２個の輪ゴムを結んで、リモコンの表面を転がすだけでホコリが取れる。

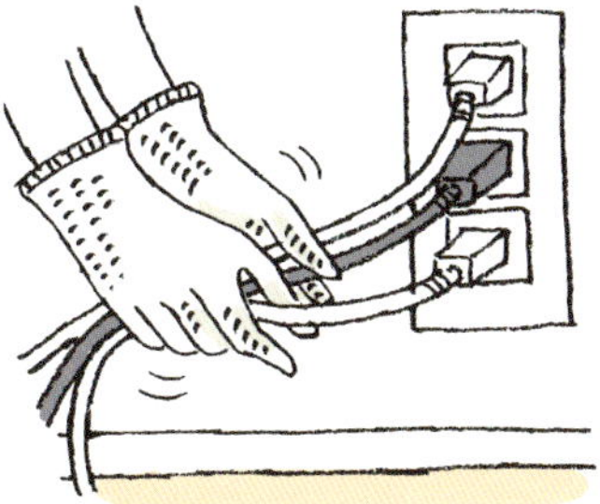

1分 **そうじしにくいコードまわりは軍手で**

軍手をはめて、コードをこするだけで、ホコリが取れる。

スピーカーのホコリ取り

そうじ機の吸引力を弱くして、ノズルを使ってスピーカー内部のホコリを吸い取ります。

AV機器・パソコンまわりの収納法

各機器をコンパクトにまとめて、部屋に合わせた
使い勝手のよい収納を目指しましょう。

収納法 1　AV 機器は 1 カ所にまとめる

AV 機器収納の基本は 1 カ所にまとめること。部屋をスッキリ見せる効果がある。

収納法 2　レンガや天板を使って自分好みの収納棚に

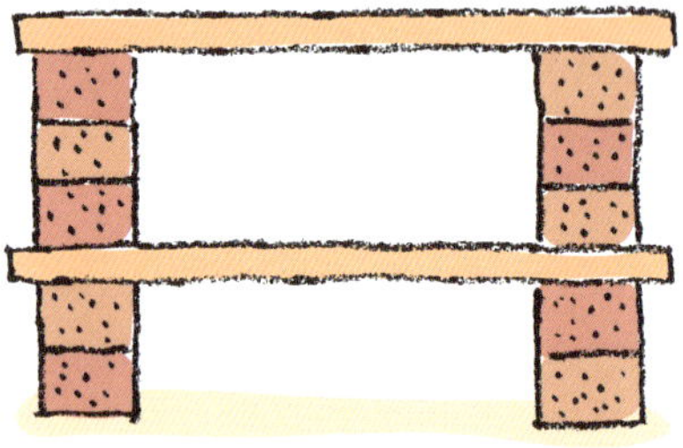

自分で組み合わせることで、無駄の少ない収納スペースを作れる。

収納法 3　迷子になるリモコンはウォールポケットに

種類が多いリモコンはウォールポケットに収納。定位置が決まれば迷子も防げる。

収納法 4　洗剤の空き箱に CD を収納

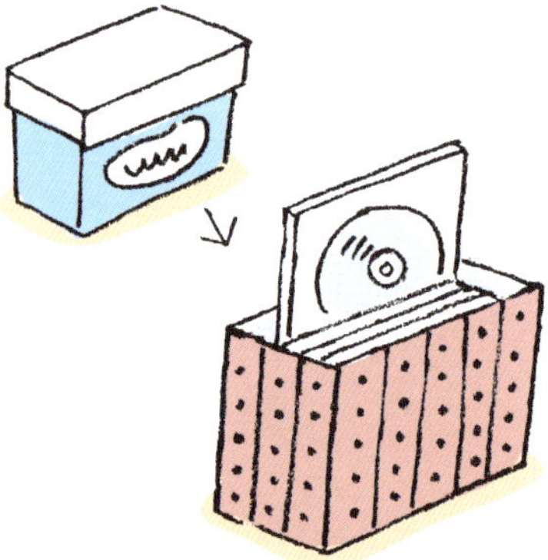

強度もあり、サイズもぴったりな洗剤の箱に CD を入れる。

ポイント

場所を取らないパソコン収納法

ノート型

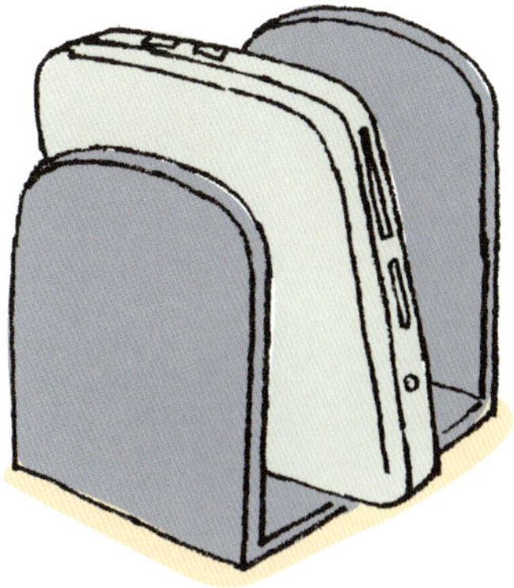

ブックエンドに立てて収納しておけば机はフリースペースに。

デスクトップ型

市販のコの字ラックにモニターをおき、キーボードはラックの下に収納。

コード収納のアイデア

パン袋のクリップ

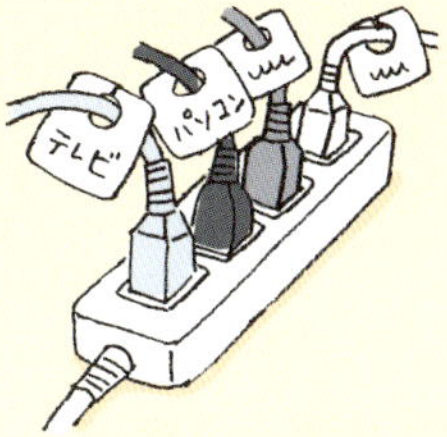
テレビ
パソコン

どのコードなのかがひと目でわかるように、ネーム板をつける。

ラップの芯

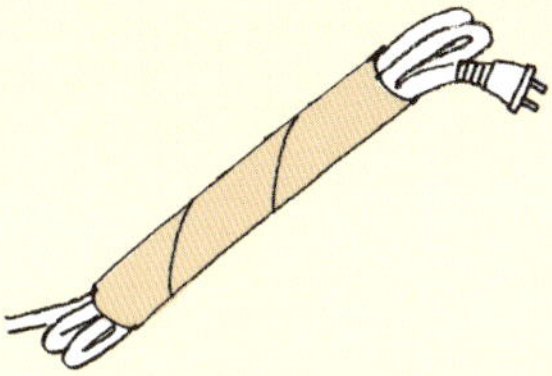

長いコードの場合はラップの芯に通して収納。

トイレットペーパーの芯

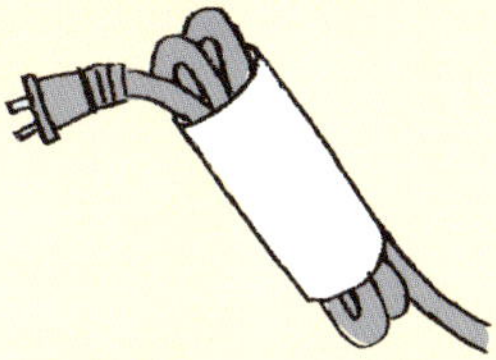

空いている部分にコードを通して、コードを収納。

使わないコードは

覚えておこう!

延長コードやLANケーブルなどを使わないときは、目立たないところにフック使いで収納しておくと、なくならず便利。

コードをスッキリさせると、お部屋が広くなるよ!

週に1度は

AV機器・パソコンまわりの重曹そうじ

デリケートなＡＶ機器は故障しないように、丁寧に扱いながらそうじします。必ずコンセントを抜いてから行うようにしましょう。

テレビ、パソコンのモニターそうじ

重曹水でかたくしぼったぞうきんでふき、仕上げに乾ぶき。

キーボードの手アカ

重曹水でかたくしぼったぞうきんでふく。

オーディオの汚れ

スポンジに重曹パウダーをふりかけて磨く。

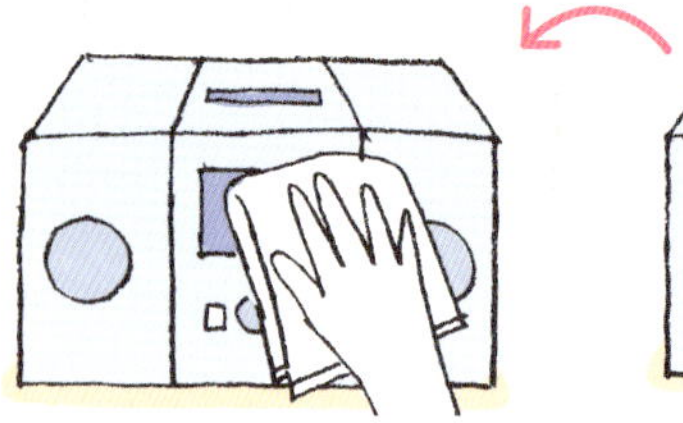

乾ぶきし、重曹ごと汚れをふき取る。

リモコンの汚れ

綿棒に重曹水をスプレーして、リモコンをふく。

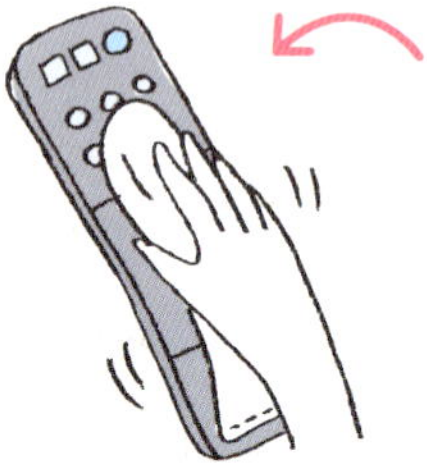

仕上げに乾ぶきで、しっかり水分をふき取る。

机の照明器具の汚れ

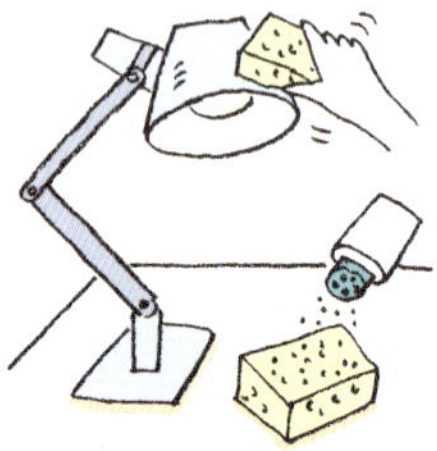

スポンジに重曹パウダーをふりかけて汚れをこすり、仕上げに水ぶき。

電話機の汚れ

重曹水でかたくしぼったぞうきんでふき、仕上げに乾ぶきする。

電話機のガンコな汚れ

綿棒に重曹ペーストをつけて汚れ部分をこする。仕上げにペーストごとしっかりふき取る。

故障の原因にもなるので、重曹水の家電への直接スプレーはNG!!

覚えておこう!

エアコンのそうじ

フィルターの汚れ

ぬるま湯１ℓに対して大さじ４の重曹を溶かし、濃いめの重曹水を作る。

取りはずしたフィルターを重曹水に入れて１時間放置する。

スポンジで汚れを取り、乾かしてから取りつける。

外側の汚れ

ぞうきんに重曹ペーストをつけてボディ部分を磨き、仕上げにペーストごと乾ぶきする。

噴き出し口の汚れ

割りばしにガーゼを巻いて輪ゴムで留める。

重曹水をスプレーして、噴き出し口をふく。

家具のそうじ

家具はいろいろな材質があるので、材質に合わせたそうじをします。シミにならないかを目立たないところで確認してから、そうじを始めましょう。

すき間時間でできる家具のプチそうじ

家具の汚れにみかん洗剤

覚えておこう！

布にスプレーして家具をふきます。いろいろなそうじに使える万能洗剤です。

4個分のみかんの皮と水400㎖を鍋で煮つめる。

半量になるまで煮つめたら、ざるでこす。

冷ましてから、スプレー容器に移し替えて完成。

A

1分

革張りソファの汚れには食パン

パンの真ん中の部分でやさしくこすると汚れが落ちる。

B

3分

革張りソファのツヤ出しにはバナナの皮

そうじ機でホコリを取り、バナナの皮の内側で磨く。

C

1分

ガラステーブルの輪ジミにはレモンと塩

布にレモン汁と塩をつけて磨く。

D

1分

ニスぬりテーブルの輪ジミにはマヨネーズ

布にマヨネーズを含ませ、やさしくこすってふき取る。

E

5分

籐の家具は塩水で仕上げる

そうじ機でホコリを取り、水に少量の塩を入れた塩水でふき、最後に乾ぶきを。

F

3分

白木の家具のツヤ出しは豆乳で

白木のそうじの基本は乾ぶき。ツヤ出しには豆乳でふく。

本棚の収納法

リビングの中でも存在感のある本棚。
並べ方や本の色みによっては、落ち着かないリビングになるので注意が必要です。

収納法 1

サイズがバラバラな本は背の順に並べる

背の高い順に並べ替えるだけでスッキリした本棚に見える。

収納法 2

背の高さがそろわないときは大きな本ではさむ

統一感を持たせて、乱雑さを防ぐ。

収納法 3

本をおかないスペースをあえて作る

重苦しくなりがちな本棚に飾りスペースを作ると圧迫感がなくなる。

収納法 4

色みの多い雑誌は書類ケースに

統一感のある書類ケースに入れると落ち着いた本棚に。

ポイント 奥行きがある棚の２列収納

奥と手前の段差でどちらも背表紙が見える。

本棚の奥に台を取りつける。

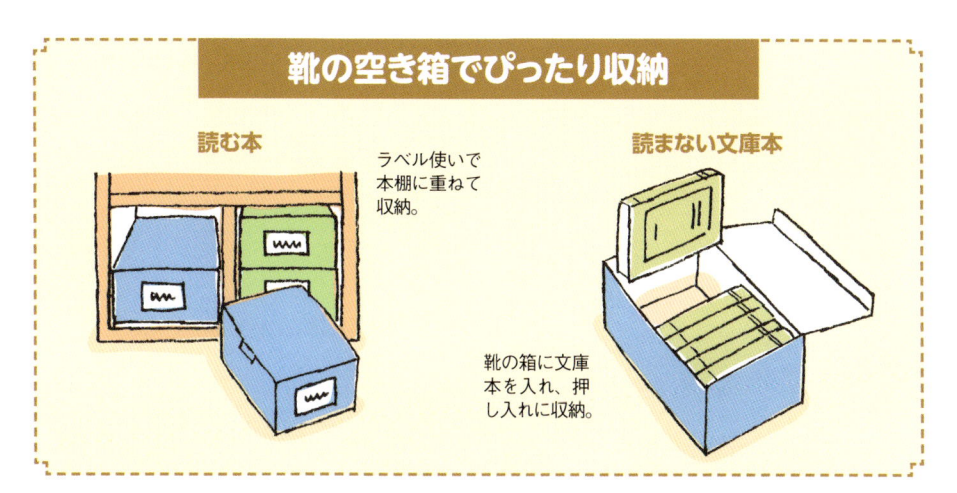

靴の空き箱でぴったり収納

読む本

ラベル使いで本棚に重ねて収納。

読まない文庫本

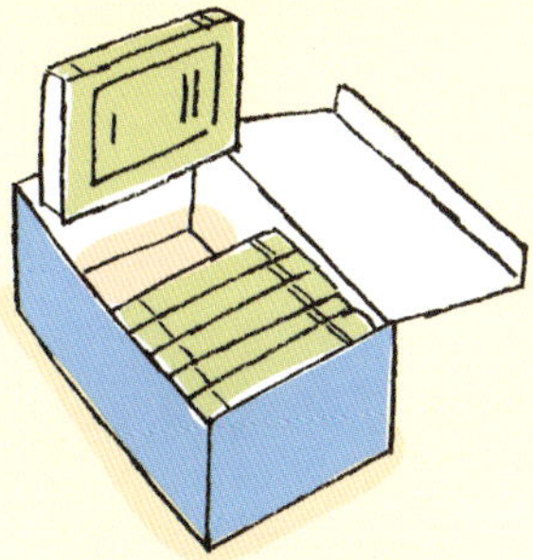

靴の箱に文庫本を入れ、押し入れに収納。

カーテンで本棚ごと隠す

覚えておこう！

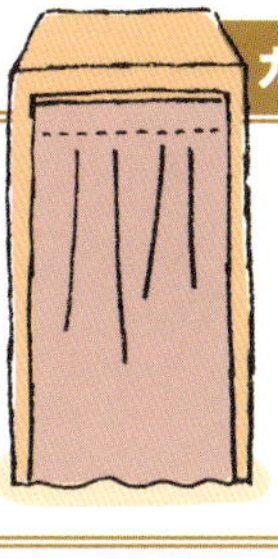

どうしても本をきれいに並べられないときは、本棚にカーテンレールを取りつけて、リビングに合うカーテンをつけると落ち着いた雰囲気に。

ちょっとした工夫で、本棚がスッキリしちゃいます

週に1度は

家具の重曹そうじ

お気に入りの家具も汚れていては台なしです。目立つ汚れは重曹を活用して、いつもきれいにしましょう。

布製ソファの汚れ

全体に重曹パウダーをふりかけて、2時間おく。

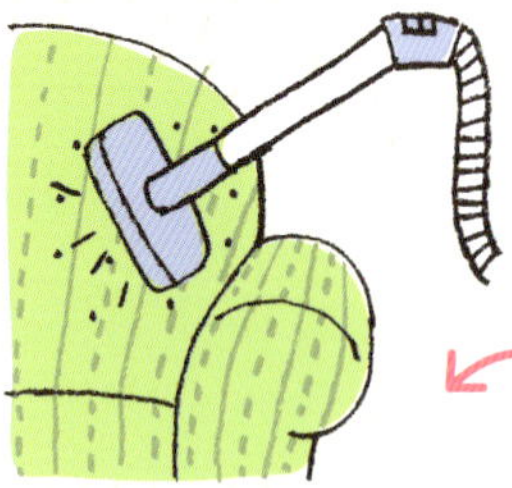

そうじ機で吸い取る。

布製ソファのガンコな汚れ

重曹水をしみ込ませた布で汚れ部分をたたくように落とす。

かたくしぼった布でふき取り、乾ぶきして自然乾燥させる。

革張りソファの汚れ

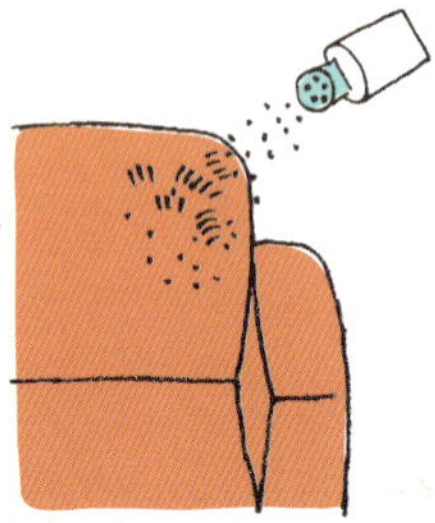

汚れ部分に重曹パウダーをかけて1時間おく。

スポンジでこすり、仕上げに乾ぶきする。

!覚えておこう!

木製家具の注意

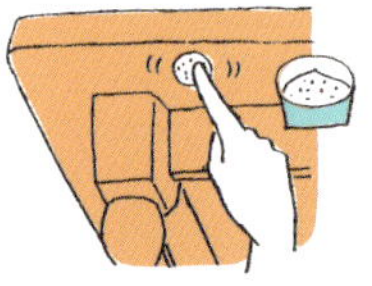

加工によっては、重曹の研磨作用によってはげる可能性があるので、目立たないところで試してからそうじを。

革張りソファのガンコな汚れ

汚れ部分に重曹ペーストをのせ、1時間おく。

湿らせた布でペーストごとふき取り、仕上げに乾ぶきする。

イスの汚れ

汚れ部分に重曹水をスプレーする。乾いた布でこするようにしてふき取る。

テーブルの汚れ

汚れ部分に重曹水をスプレー。

乾いた布でこするようにしてふく。

本棚の汚れ

布に重曹ペーストをつけ、汚れ部分をこすり、仕上げにペーストごとふき取る。

クッションの汚れとにおい

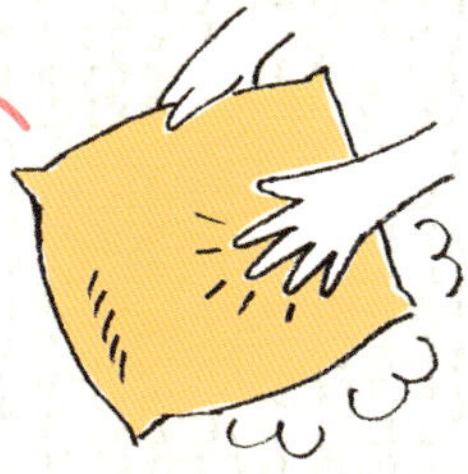

クッションのホコリを手で払う。

全体に重曹水をスプレーし、そのまま乾かす。

お手入れしだいで家具は長く愛用できますよ。

子どもまわりのそうじ

子どものおもちゃは、
ホコリや手アカで汚れています。
きれいにそうじをして、安心して
子どもが遊べるおもちゃにしましょう。

ぬいぐるみのホコリには袋と塩

ビニールの袋にぬいぐるみと塩を入れて30回ふり、そうじ機で吸い取る。

ぬいぐるみの汚れにはシャンプーを活用

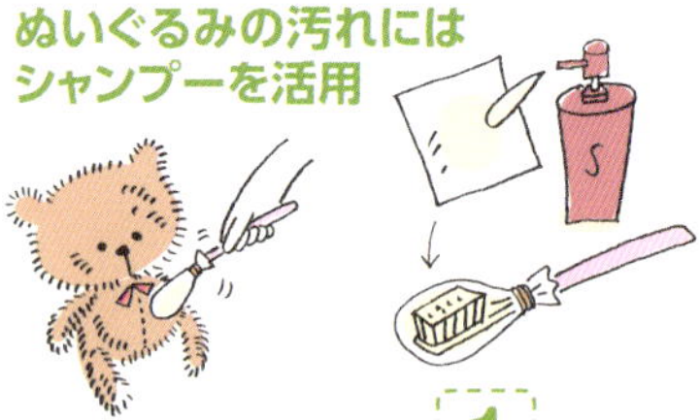

1 ガーゼに原液のシャンプーをしみ込ませ、歯ブラシに巻く。

2 1で毛並みにそってブラッシングし、蒸しタオルでふく。

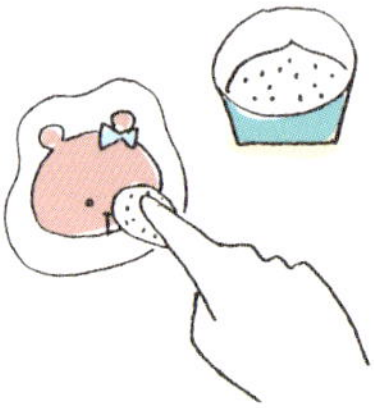

机のシールはがしには重曹ペースト

重曹ペーストをぬり、1時間おく。湿らせた布でシールごとふき取ってはがす。

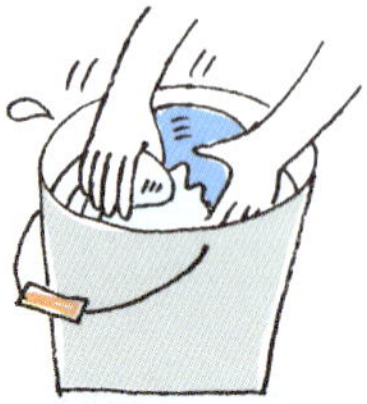

ボールの汚れは重曹水で取る

重曹水を入れたバケツの中に、ボールを入れてスポンジで汚れを取る。

クレヨンの落書きには重曹パウダー

落書きに重曹パウダーをふりかけ、湿らせたスポンジでこする。

木製のおもちゃは酢水で汚れ落とし

酢水をスプレーして布でふき取る。

小麦粉粘土の作り方

覚えておこう!

サラダ油
大さじ1/2
塩
大さじ1/2
強力粉
500g
温水
250
~300
ml

すべての材料をまぜ、耳たぶのかたさにこねる。

ラップをし、ひと晩寝かせて、朝にもう一度こねて完成。

食紅を使って子どもの好きな色にしても楽しい。

子どもまわりの収納法

散らかし放題の子どもでも、楽しく
片づけができるような工夫をしましょう。

収納法 1　ふたつきの「とりあえずBOX」を用意

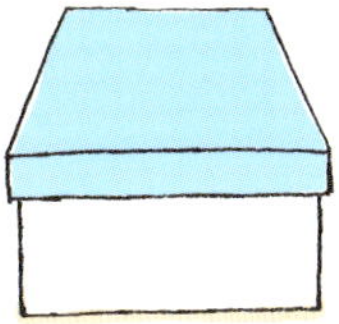

何でも放り込める大きな箱を用意。ふたをしめれば片づけ終了。

収納法 2　キャスターつきのおもちゃ回収車

散らばるおもちゃを回収できる車を用意。楽しく片づけができる。

収納法 3　透明な容器に小さなおもちゃをまとめる

同じ容器で統一感を出す。透明にすることで中身もわかる。

収納法 4　ぬいぐるみは吊るしたカゴに

軽いぬいぐるみはカゴに入れて突っ張り棒にＳ字フックで吊るす。

ポイント　手書きラベルで楽しく収納

おもちゃ箱にもイラスト入りの手書きラベルを貼ってわかりやすく。

字が読めない子どもでもわかるように引き出しに手書きラベルを貼る。

ビールの空き箱で作るおもちゃラック

ビールの空き箱を重ねて粘着テープで留める。

外側全体に子どもの好きな絵を貼る。

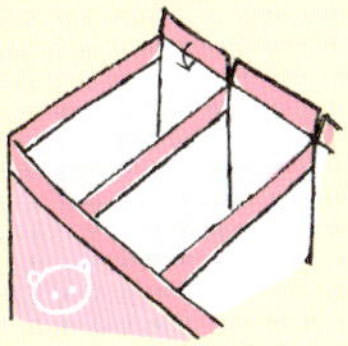

口の部分に色つきのテープを貼る。

市販のラックを収納して完成。

再利用で!

節約そうじ・収納法!

そうじをして捨てるものが出てきたら、再利用できないかをチェック！
いらないものがそうじ道具や収納グッズに大変身する工夫ワザを紹介します。

キッチン

牛乳パックを再利用

シンクの生ゴミ入れに

牛乳パックを２つにカットし、三角コーナー代わりに。ゴミがたまったらそのままポイ！

ストッキング&卵のカラを再利用

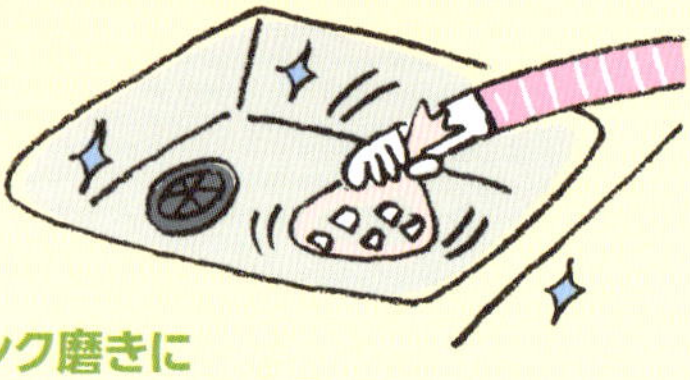

シンク磨きに

ストッキングに砕いた卵のカラを入れて磨く。ガンコな汚れもきれいに落ちる。

新聞紙&牛乳パックを再利用

廃油の処理に

揚げ物で残った廃油は、新聞紙を詰めた牛乳パックの中に入れてしみ込ませ、口を閉めて可燃ゴミへ。

新聞紙を再利用

割れたガラス食器のそうじに

濡らした新聞紙をぞうきん代わりにして破片をふき取る。細かい破片もきれいに集まる。

ストッキングを再利用

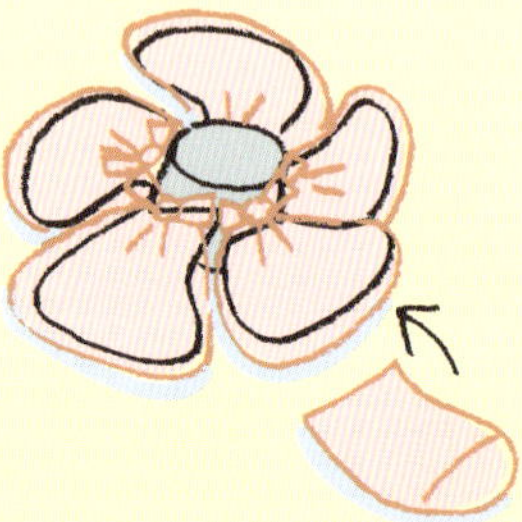

換気扇のカバーに

つま先から８～10cmをカットしたストッキングを換気扇のプロペラにかぶせて結ぶ。

ペットボトルを再利用

冷蔵庫の仕切りに

ペットボトルを半分にカットし、マヨネーズやケチャップなどの調味料ケースとして使う。

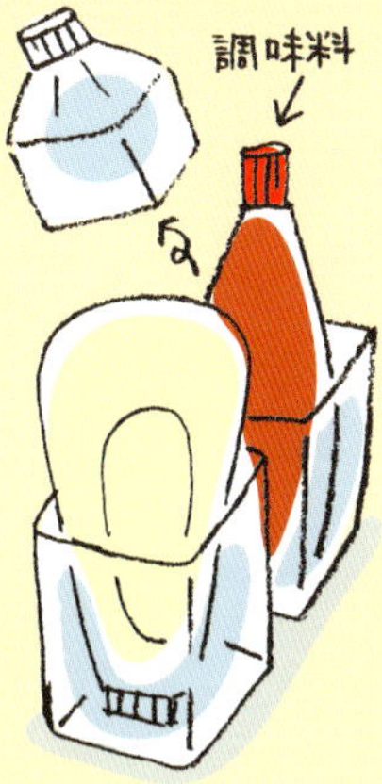

空きビンを再利用

調味料入れに

よく洗って乾かしたインスタントコーヒーの空きビンを調味料入れに。ラベルを貼って整理を。

ハンガーを再利用

鍋ぶたおきに

針金ハンガーを縦に伸ばして手前に折り、ふたのつまみを引っかけるようにする。

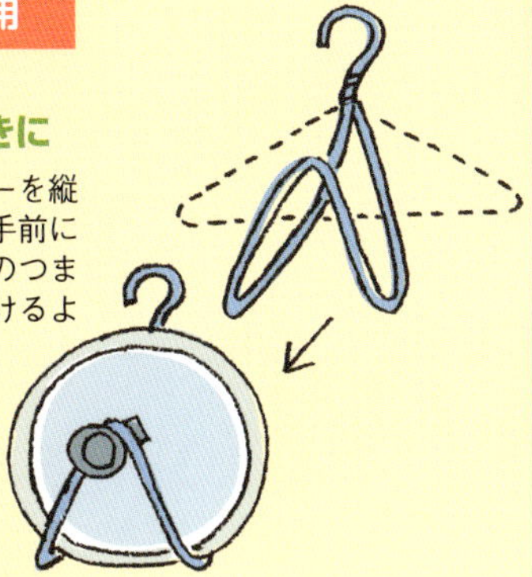

ハンガーを再利用

手作りペーパータオルホルダーに

針金ハンガーの下の中央部分を10cmほどカットし、切り口を折り曲げてはめる。

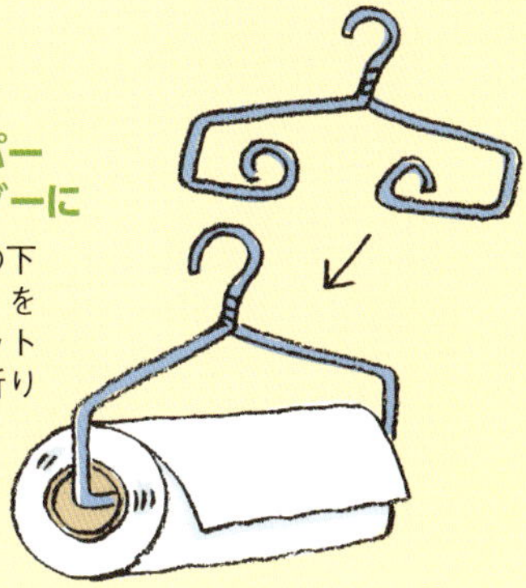

牛乳パックを再利用

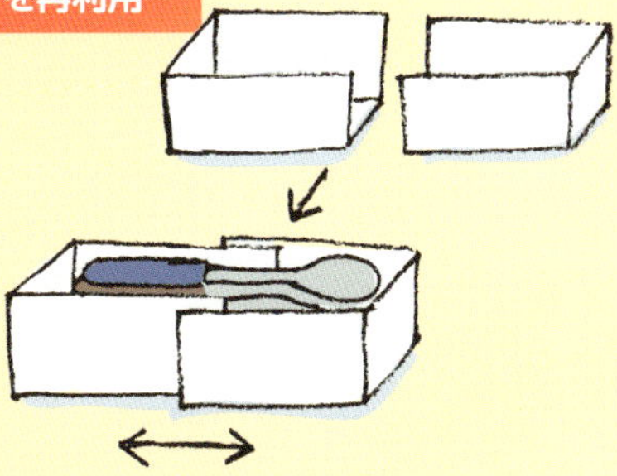

カトラリーの仕切りに

2面をカットした2つの牛乳パックを合わせて、カトラリーを入れる。長さ調節もできる。

ラップの箱を再利用

調味料ケースに

ラップのケースのふた部分を切り離し、調味料を並べる。包装紙を貼っておしゃれに。

リビング・ダイニング

ストッキング&みかんの皮を再利用

コタツの消臭剤に

みかんの皮をストッキングに入れ、コタツの中に吊るす。熱源に近づけないように注意。

ビデオテープを再利用

ビニールひもの代わりに

ビデオのテープがビニールひもの代わりに。丈夫なので、新聞などをたくさんまとめられる。

ウェットティッシュケースを再利用

ビニールひものケースに

ウェットティッシュのケースにビニールひもを入れ、ふたの穴から先端を引き出す。

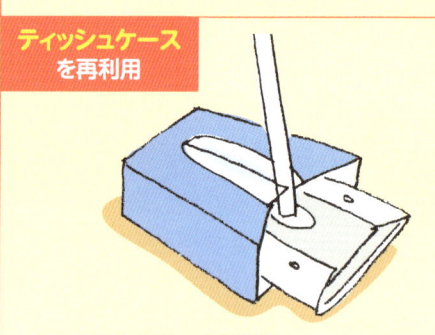

ティッシュケースを再利用

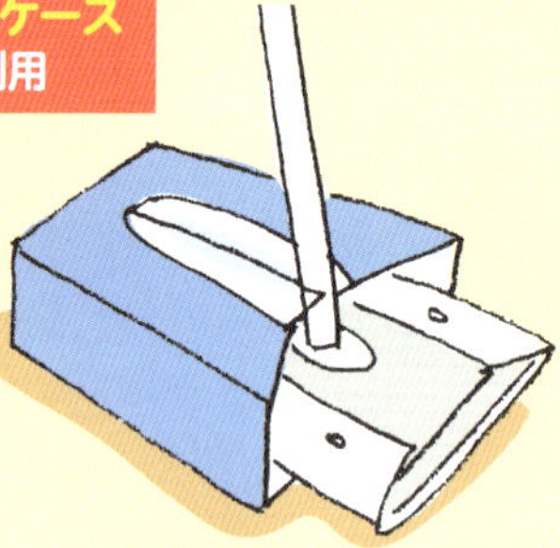

フロアワイパーの収納に

ティッシュの空き箱を横から5cmほどカットして収納ケースに。出し入れができて便利。

ラップの芯を再利用

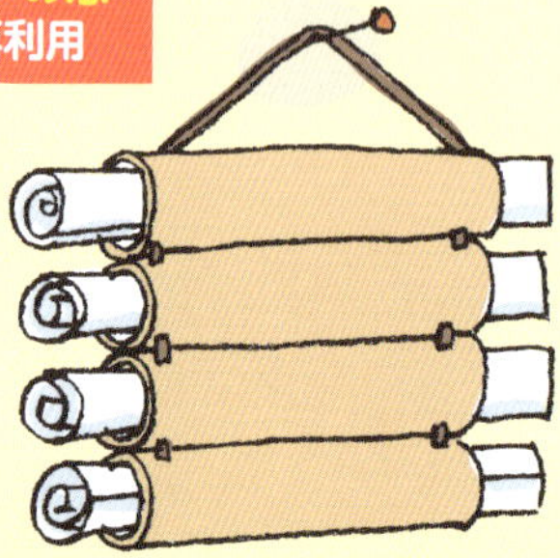

ポスター入れに

ラップの芯をいくつかつなげ、ポスターを丸めて差し込む。折り目やシワもつかない。

栄養ドリンクの箱を再利用

はがきケースに

年賀状やはがきのケースには、栄養ドリンクの箱がおすすめ。数年分の保存が可能。

サニタリー

ストッキング＆ハンガー を再利用

湯船に浮かんだゴミ取りに

針金ハンガーの下を引っ張って、ストッキングをかぶせて湯船に浮かんだゴミをすくい取る。

香水 を再利用

トイレそうじの洗剤代わりに

コットンに残った香水をしみ込ませてふく。香水のアルコール分が、皮脂を分解してくれる。

割りばし を再利用

排水口の髪の毛取りに

バスルームの排水口に絡みつく髪の毛やゴミは、割りばしを４本ほど束ねたものでかき出す。

レジ袋 を再利用

水まわりのそうじアイテムに

レジ袋を手にはめ、手首を輪ゴムで留める。汚れたらそのままゴミ箱へ。

ハンガー を再利用

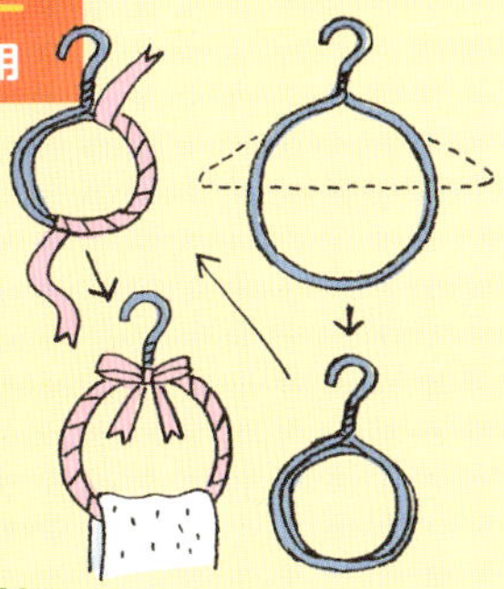

タオルかけに

針金ハンガーの下を引っ張って二重の輪を作る。リボンを巻けばかわいく仕上がる。

ハンガー を再利用

ドライヤースタンドに

針金ハンガーの左右とフックを手前に折り、フックにドライヤーのハンドルを引っかける。

第3章
サニタリーのおそうじ術

トイレや浴室は、放っておくとカビや水アカが
どんどん増えていきます。
毎日使うところなので、
しっかりそうじをしておきましょう。
水アカやカビの落とし方から、
洗濯機の徹底そうじ法まで紹介します。

マンガでわかるパパッとさんの知恵 サニタリー編

水まわりのそうじで元気をチャージ!
カラッポ
今月も赤字…
今月のおひつじ座
水まわりをきれいにすると金運アップ!!
ヨシ!
パパッとそうじの知恵でまずはトイレそうじをしよう
トイレットペーパーと酢水を用意
便座、便器にトイレットペーパーをおく
酢水をスプレー
ゴシゴシ
ペーパーごとブラシでこするだけ!
浴槽は重曹でそうじ
タイル目地のカビに…
バスタブの湯アカに…
排水口の汚れに
おお!
キレー
ピカピカ
きれいだと元気が出るね
後日—
ボーナス
ママやったね~
キャー!
あぶく銭?はママのへそくりへ…
イヒヒ…
へそくり

サニタリーのおそうじ術

トイレのそうじ

使用頻度が高いトイレは、こまめにそうじをすることが大切です。毎日、ちょこっとそうじをして、トイレを清潔に保ちましょう。

すき間時間でできるトイレのプチそうじ

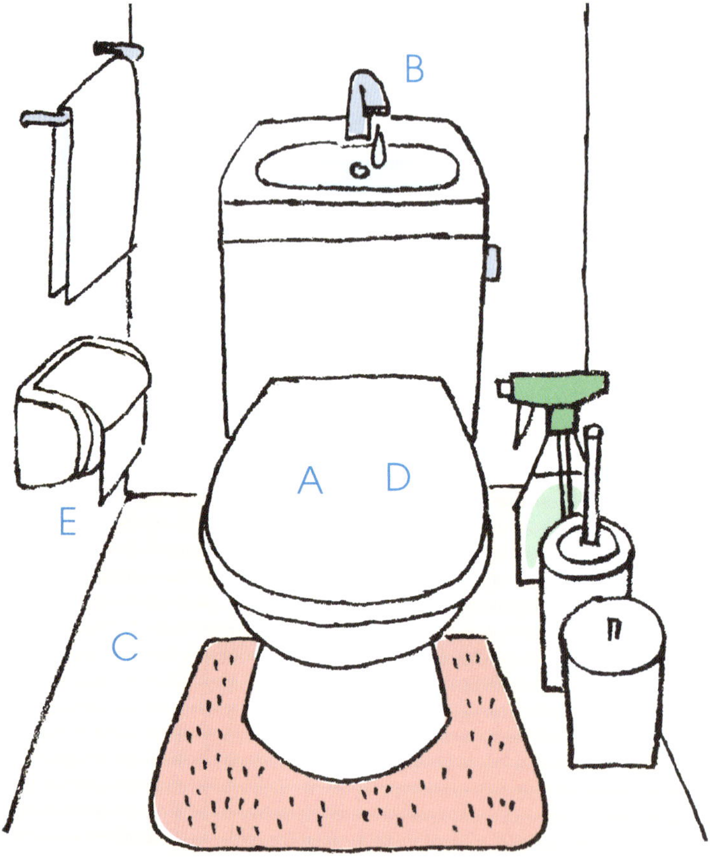

トイレットペーパーの湿布で手間なしそうじ

覚えておこう！

便座や便器にトイレットペーパーをおく。

トイレットペーパーの上に、酢水をスプレー。

30分放置し、ペーパーごとブラシでこすって流す。

A

1分

便器は ビールで磨くと◎

ビールを洗剤の代わりにして、ブラシで中を磨く。

B

1分

レバーや蛇口は 歯磨き粉で磨く

金属部分は、歯磨き粉をつけた布で磨くとピカピカに。

C

3分

床や便器の外側は 酢水で殺菌と洗浄を

酢水でかたくしぼったぞうきんで全体をふく。

D

3分

落ちないガンコな汚れには サンドペーパー

1000～1500番のサンドペーパーで、ゆっくり汚れをこすり取る。

E

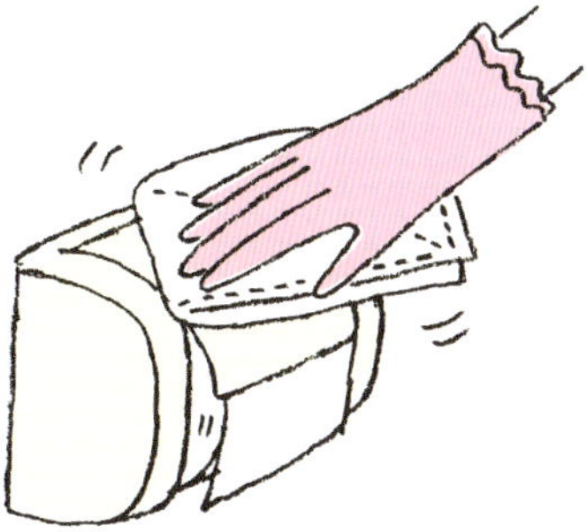

1分

ペーパーホルダーは 酢水で殺菌と洗浄を

床と同様に酢水でかたくしぼったぞうきんでふく。

これは便利!

汚れ予防に防水スプレー

トイレの壁や床に、布用の防水スプレーを吹きかけると、汚れを防止することができます。

トイレの収納法

基本はものを目立たないようにすること。
隠す収納を身につけて、居心地のよいトイレを目指しましょう。

収納法 1 突っ張り棒とカーテンを使って

突っ張り棒をわたして、スペースを確保し、カーテンで目隠しを。

上手に収納すれば、
そうじもしやすい!

収納法 3 箱のふたを使って隠す収納を実現

ふたも立派な収納アイテム。シンプルな色合いがベスト。

収納法 2 深めのカゴに入れて清潔感を出す

洗剤は派手な色が多いもの。深めのカゴ収納なら目立ちません。

収納法 4

デッドスペースのタンク脇に棚をおく

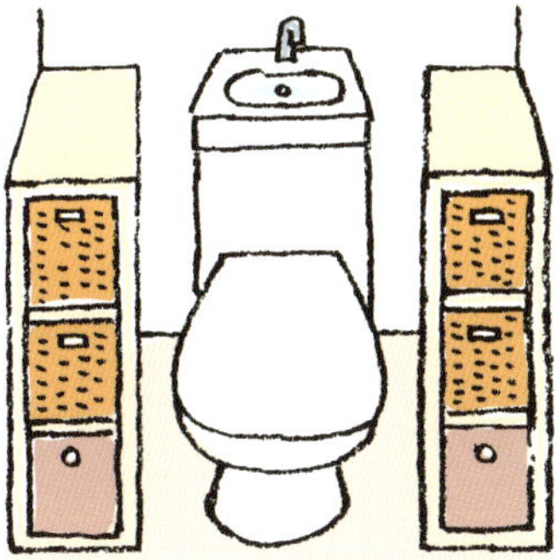

サイズが合う棚を両脇におく。まとめて収納できるので便利。

収納法 5

ホルダーカバーの下を収納に

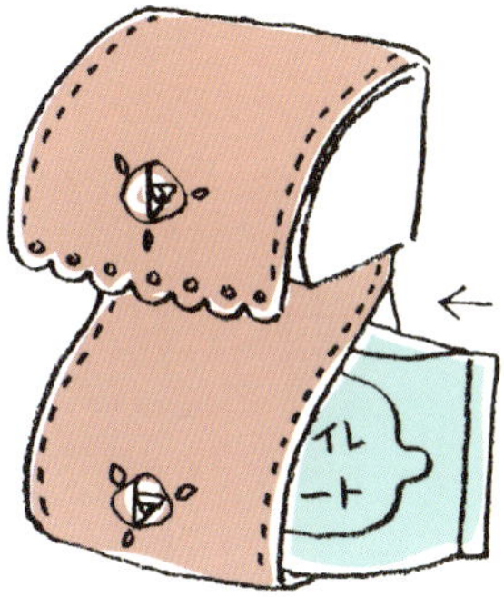

すぐ使えるようにそうじ用シートなどを隠して収納。

保冷剤でオリジナル芳香剤を作ってみよう

保冷剤とアロマオイルを入れるための容器を用意。

容器に保冷剤を入れ、アロマオイルを数滴たらして完成。

消臭用としてトイレにおく。

小さなグリーンを

覚えておこう!

棚のちょっとしたスペースなどにおくとトイレが落ち着いた雰囲気に。

香りやグリーンで癒し効果もアップ!

週に1度は

トイレの重曹そうじ

トイレが汚れていると、においが出てしまいます。できれば毎日そうじをし、週末にしっかりとまとめてそうじしましょう。

便器の汚れ

重曹パウダーをふりかける。

上から酢水をスプレーし、しばらくおいてブラシでこする。

便座の汚れ

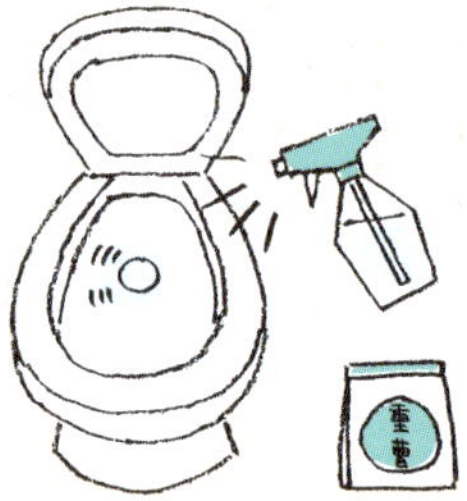

便座に重曹水をスプレーし、こするようにしてふき取る。

ペーパーホルダーの汚れ

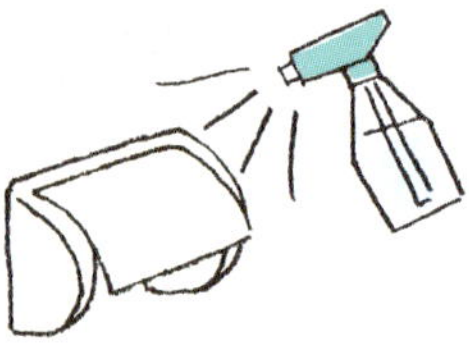

便座と同様に重曹水をスプレーし、こするようにしてふき取る。

エチケットボックスのそうじ

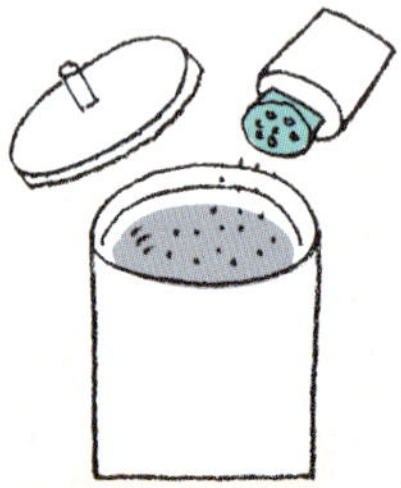

重曹水をスプレーし、ふき取る。仕上げに重曹パウダーを入れておくと、におい消しになる。

洗浄ノズルの汚れ

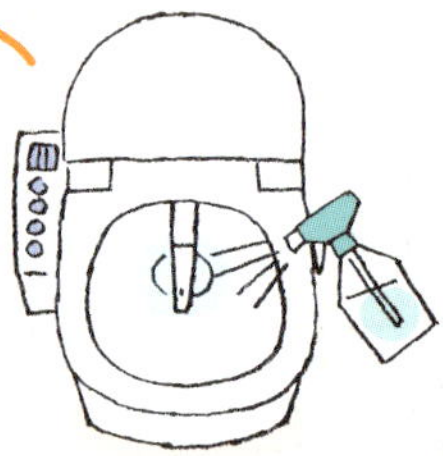

洗浄ノズルに重曹水をスプレーする。

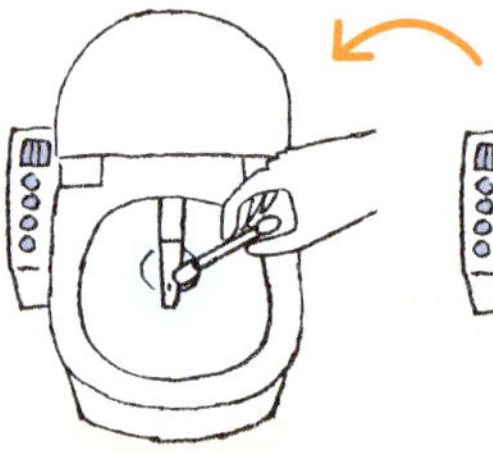

綿棒を使って汚れをふき取る。

床や壁の汚れ

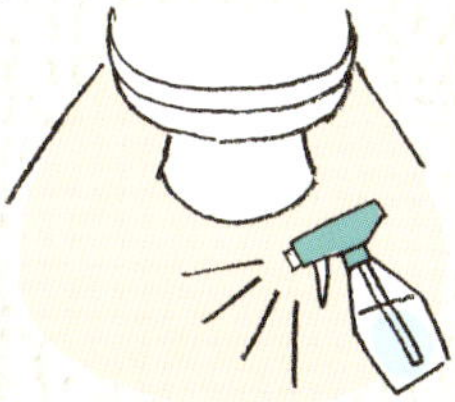

全体に重曹水をまんべんなくスプレーし、ふき取る。

タンク内の汚れ

タンク内に重曹パウダーをふりかける。

汚れ部分を歯ブラシでこする。

水受けの汚れ

重曹パウダーをふりかけ、湿らせたスポンジでこする。

トイレマットの汚れ

汚れている部分に重曹ペーストをのせる。

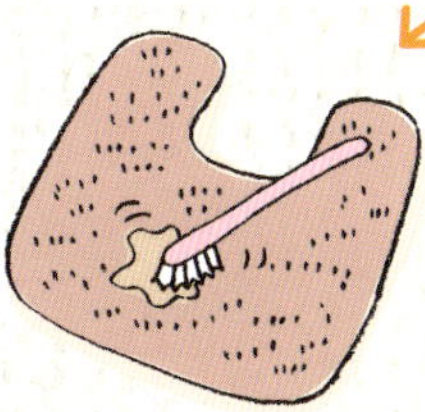

歯ブラシでこすり、水洗いする。

洗浄ブラシのお手入れ

重曹パウダーを入れてブラシを浸けておく。

便座カバーの汚れ

湯を入れた洗面器に重曹パウダーを入れて溶かす。

便座カバーを入れ、１時間ほど浸けて水ですすぐ。

浴室のそうじ

浴室は、放っておくと水アカやカビが発生します。きれいにそうじをするのはもちろんですが、事前の予防対策も必要です。

すき間時間でできる浴室のプチそうじ

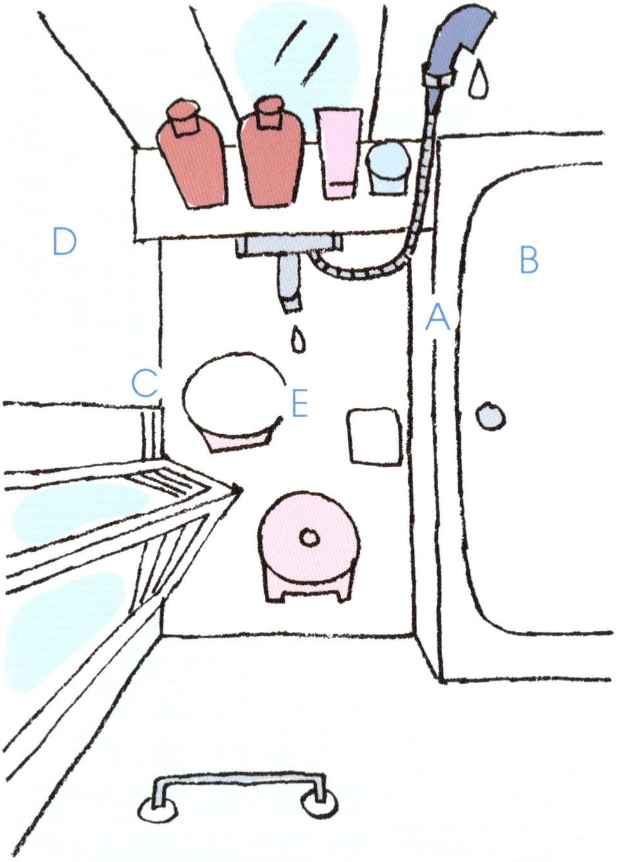

カビ防止のアイデア

覚えておこう!

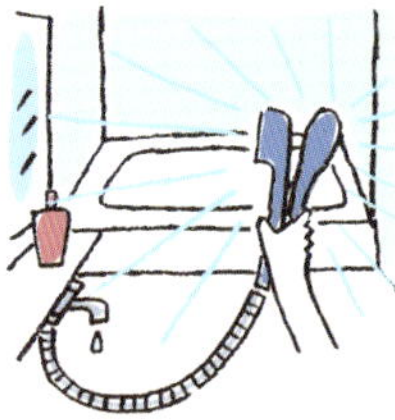

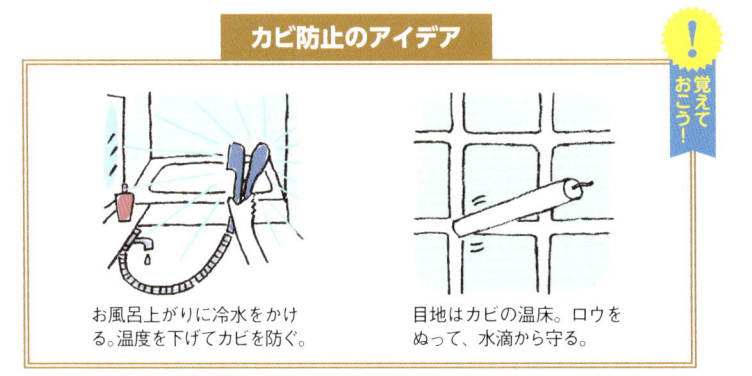

お風呂上がりに冷水をかける。温度を下げてカビを防ぐ。

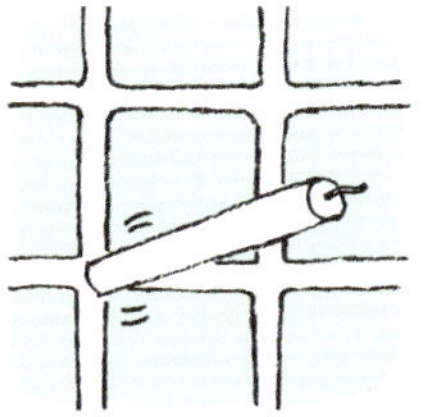

目地はカビの温床。ロウをぬって、水滴から守る。

A

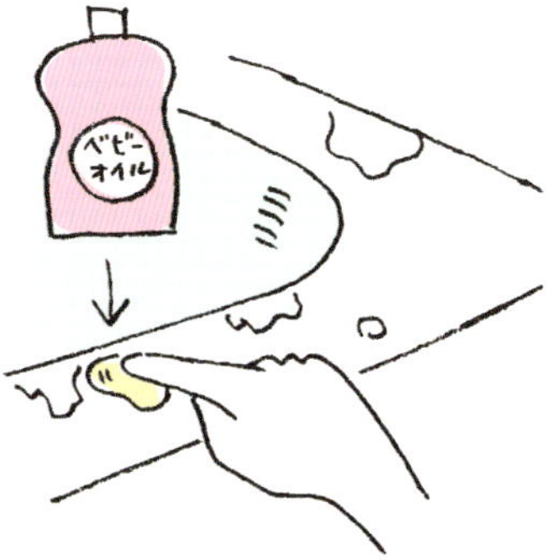

3分 湯アカには ベビーオイルが効く

湯アカにぬり、しばらくおいてからスポンジでこする。

B

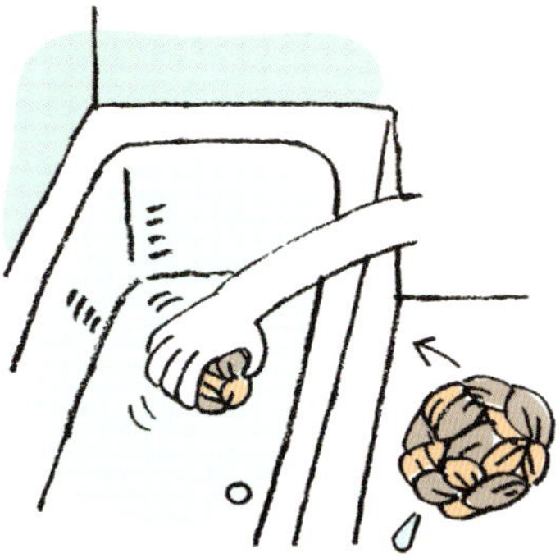

3分 バスタブはストッキングで 洗剤いらず

細かい目が汚れをしっかり落とす。洗剤も不要。

※ P20 のストッキングたわしの作り方を参照。

C

5分 溝の汚れは 割りばしで解決

割りばしの先にティッシュを巻いて輪ゴムで留め、溝をそうじする。

D

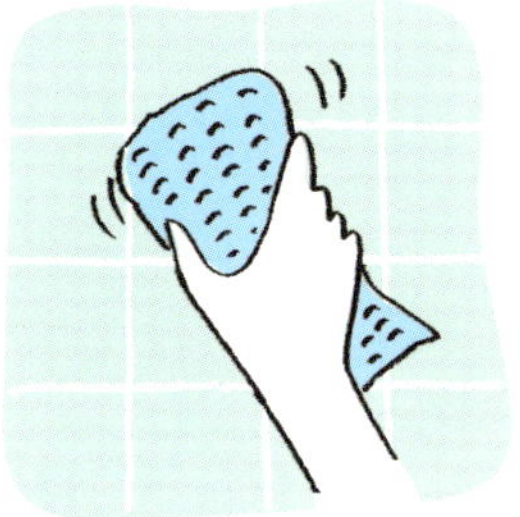

1分 壁のカビには 古くなったボディタオルを

古くなったナイロンタオルがカビを削り落とす。

E

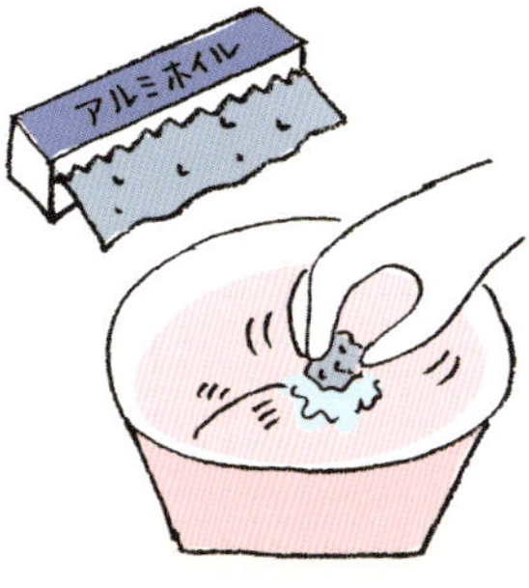

1分 洗面器の湯アカは アルミホイルで

アルミホイルを小さく丸めてこするだけ。

バス小もののざっくりそうじ法

※注意：塩素系漂白剤はステンレス浴槽には使えません。

残り湯に洗面器やイス、ふたなどを入れ、漂白剤を適量加えて１～２時間浸けたあと、水で洗い流すだけ。換気をしながら行いましょう。

浴室の収納法

床にものをおくとカビの温床になります。
設置面積を少なくするのが浴室収納のポイントです。

収納法 1 タオルハンガーの上を収納スペースに

軽めのバス小ものを容器に入れて上におくだけ。

収納法 2 S 字フックを使って吊り下げる

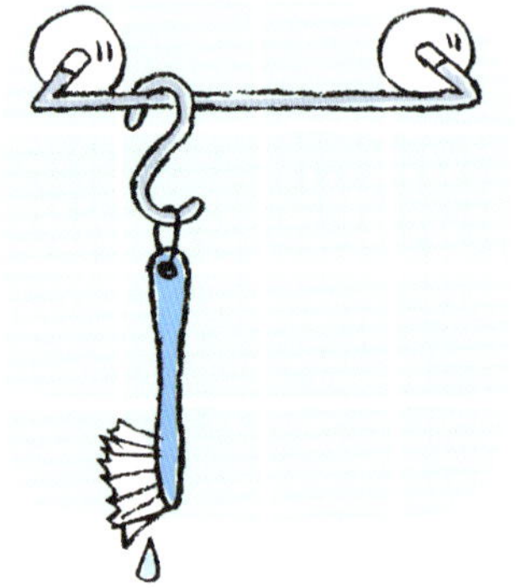

タオルハンガー×S 字フック使いでブラシなどを吊り下げる。

収納法 3 ぬめり知らずの石鹸収納

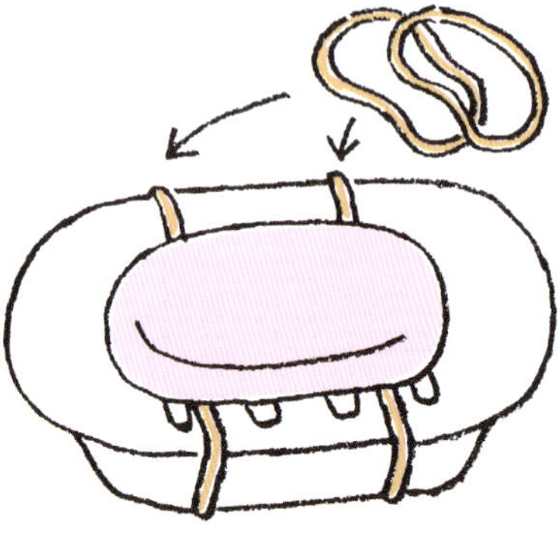

石鹸台に輪ゴムを 2 本巻き、その上に石鹸をおく。

収納法 4 石鹸はネットに入れて吊り下げる

ネットに入れると水がよく切れる。小さくなったものを複数入れても◎。

収納法 5 洗面器は斜めに伏せておく

設置面積を減らし、カビを防ぐ。壁やイスに立てかけておく。

収納法 6 ふたを斜めに立てかける

水切れをよくし、カビの発生を抑えることができる。

市販のラックの上手な使い方

おもちゃなどの軽いもの

バスタブに引っかけるタイプのラックを使う。

ボトルなどの重いもの

床おきで段のあるラックに収納するのがベスト。

おくスペースがない

S
C
B

シャワーフックに引っかけるタイプのラックを使う。

浴室まわりがきれいだと、疲れも取れます！

浴室の重曹そうじ

浴室は毎日そうじすることが基本ですが、週に1度しっかりそうじをしておけば、ふだんのそうじが格別に楽になります。

バスタブの湯アカ

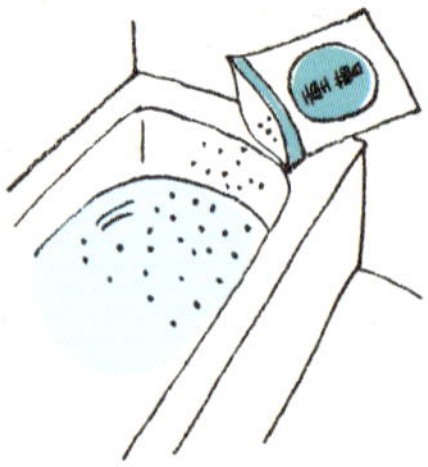

残り湯を少量残し、重曹パウダーをふりかけ、スポンジで磨く。

バスタブ内のガンコな湯アカ

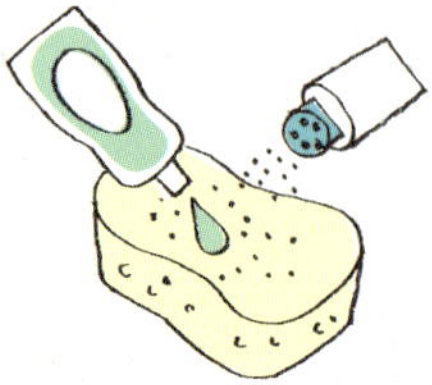

お風呂用洗剤をつけたスポンジに重曹パウダーをふりかけて磨く。

タイル目地のカビ

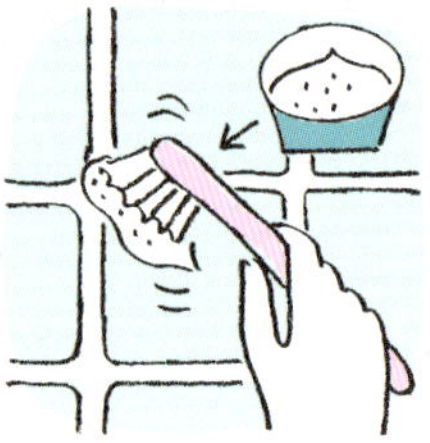

重曹ペーストをつけた歯ブラシで、カビの部分をこする。

洗面器の湯アカ汚れ

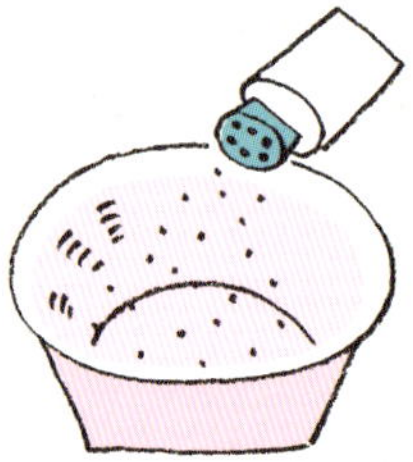

重曹パウダーをふりかけ、湿らせたスポンジでこする。

排水口の汚れ

重曹パウダーをまんべんなくふりかける。

さらに、重曹ペーストをつけた歯ブラシで全体を磨く。

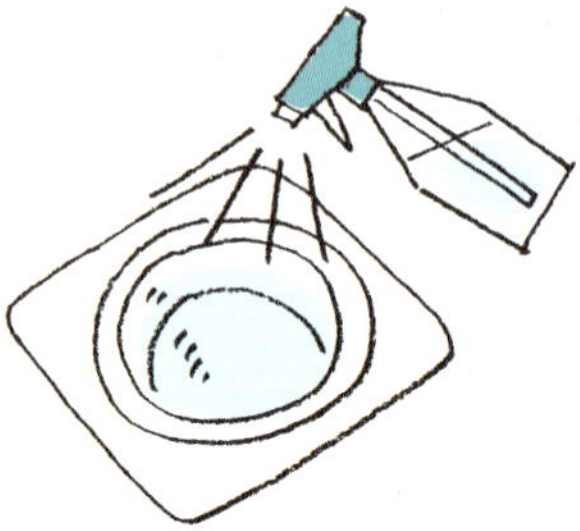

上から酢水をスプレーし、30分ほどおいてから湯で流す。

イスの湯アカの汚れ

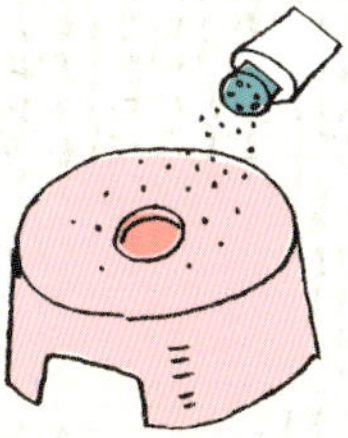

重曹パウダーをふりかけ、湿らせたスポンジでこする。

バスルームドアの汚れ

汚れ部分に酢水をスプレーする。

湿らせた布に重曹パウダーをふりかけ、汚れをこする。

シャワーヘッドの汚れ

洗面器にぬるま湯を入れる。

洗面器に重曹パウダーと酢を入れる。

シャワーヘッドを浸けて 30 分おき、スポンジでこすり洗い流す。

シャワーヘッドの目づまり

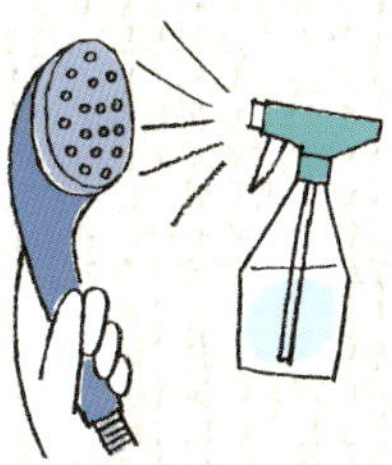

目の部分に重曹水をスプレーする。

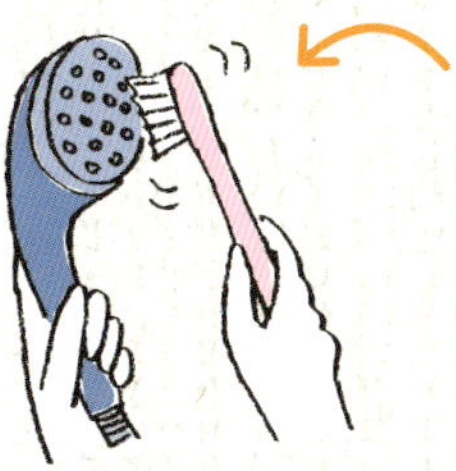

歯ブラシでよくこすり、お湯で流す。

シャワーホースの黒ずみ

湿らせたスポンジに重曹パウダーをふりかけ、ホースを磨く。

サニタリーのおそうじ術

洗面所のそうじ

洗面所は、石鹸カスや水アカが汚れの原因です。歯ブラシやスポンジなどを使って、磨きそうじをしっかりやりましょう。

すき間時間でできる洗面所のプチそうじ

1分

鏡はシェービングクリームで磨く

クリームを布につけてふくと汚れが落ちてピカピカに。

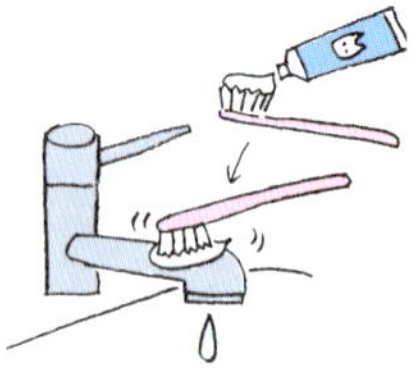

1分

蛇口のくすみは歯磨き粉できれいに

歯磨き粉の研磨作用でくすみを落とし、布でふき取る。

5分

落ちない汚れはサンドペーパーでこする

1000～1500番のサンドペーパーで、ゆっくりこすり、汚れを取る。

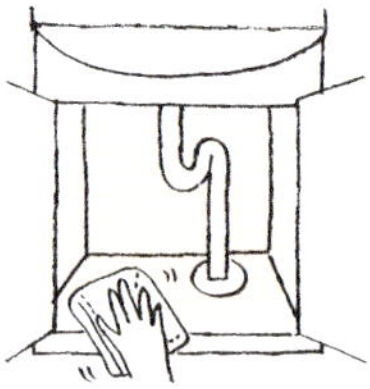

3分

シンク下はこまめな水ぶきで汚れ知らずに

湿気がたまりやすいところ。こまめな水ぶきと換気で清潔に。

3分

洗面台の水アカはスポンジ＋歯磨き粉

湿らせたスポンジに歯磨き粉をつけてこする。

これは便利!

歯ブラシ立てのカビ対策

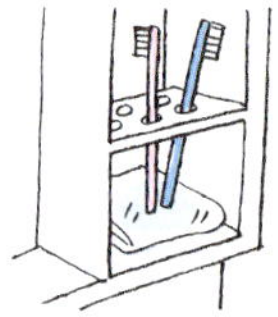

水がたまってカビやすい歯ブラシ立てには、ティッシュを敷いておく。汚れたら取り替える。

排水口のぬめりと汚れを取るアイデア

覚えておこう!

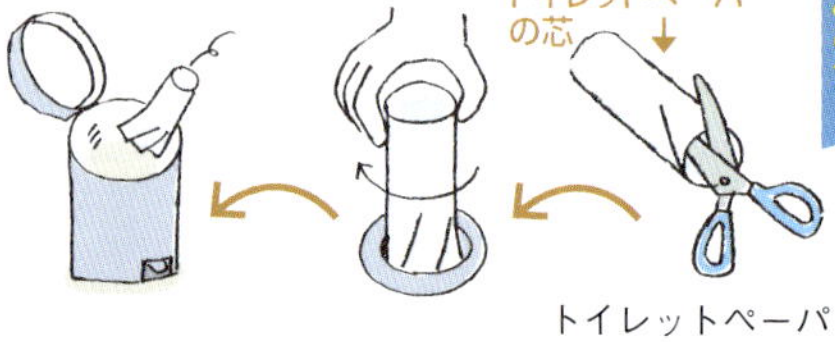

トイレットペーパーの芯の片側から1/3の長さまで、斜めに3～4本の切り込みを入れる。

切り込み部分を排水口に入れて回す。

ついた汚れと一緒にゴミ箱に捨てる。

洗面所の収納法

タオルや洗剤など収納スペースの割に、ものが多い洗面所も
アイデアを活用して、きれいに収納しましょう。

収納法1 スプレータイプは突っ張り棒を有効活用

シンク下に突っ張り棒をわたし、引っかけて収納。

収納法2 ボトルタイプはブックスタンドで寝かせて

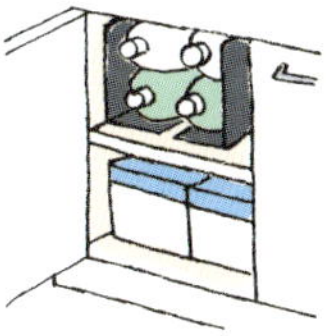

ブックスタンドを使って寝かせると収納力がUP。

収納法3 ドライヤーは内扉にフックをつけて

おき場所に困るドライヤーも内扉にフックをつけてかければ、すっきり収納できる。

収納法4 小ものは透明なファスナーつきの袋に

アメニティグッズは用途別に透明袋に。ファスナーつきで湿気対策を。

ポイント タオルの収納はどうするの?

大きなタオルは

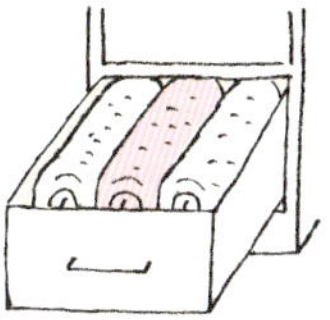

立てて収納。取り出しやすくてしまいやすいのが◎。

小さなタオルは

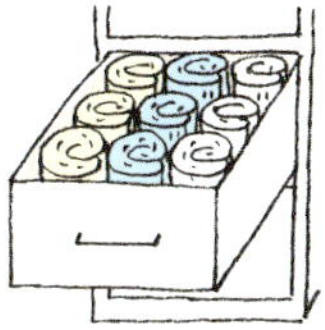

くるくる丸めて立てて収納。見た目もきれいに収まります。

覚えておこう! 小ものは空きビンにまとめる

ヘアピンなどの細かいものは、空きビンや使わないグラスにまとめて入れて引き出しへ。

折りたたみ式物干しの絡まない収納法

各物干しをブックエンドではさむ。

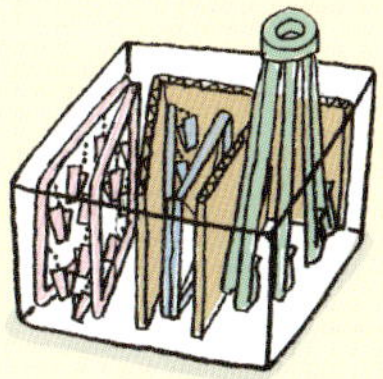

各物干しの間に段ボールをはさんでおく。

週に1度は

洗面所の重曹そうじ

湿度が高くなる洗面所は、カビの発生を防ぐふきそうじが大切です。重曹+ふきそうじでいつもきれいにしておきましょう。

排水口のぬめり

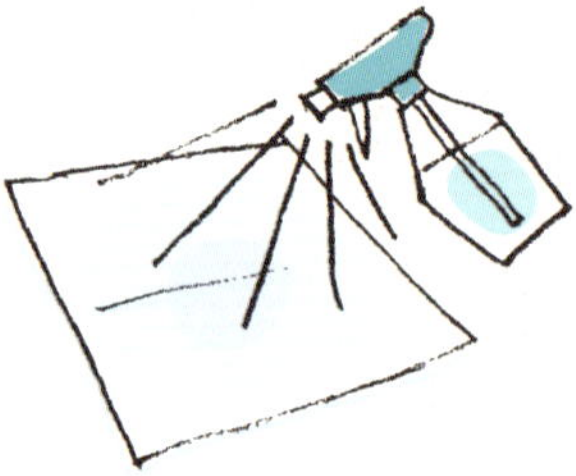

ティッシュをおき、上から酢水をスプレーし、1時間ほどおいてはがす。

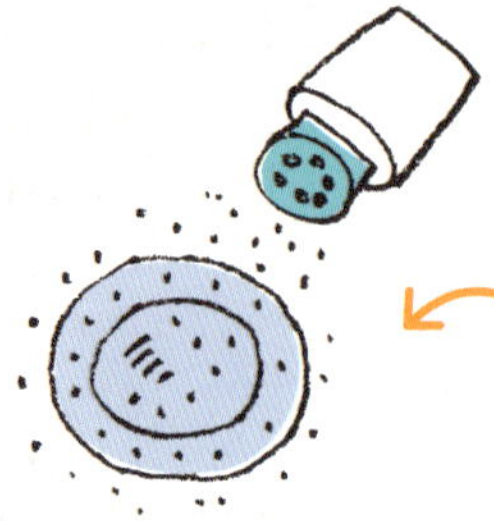

重曹パウダーをふりかけ、湿らせたスポンジでふき取る。

ヘアブラシの汚れ

ヘアブラシが入るくらいの容器に熱めの湯と、重曹パウダー大さじ2を入れる。

ヘアブラシを入れ、ひと晩おく。仕上げに水で洗い流す。

収納棚の汚れ

ものを取り出し、全体に重曹水をスプレーして、ふき取る。

床・壁の汚れ

全体に重曹水をまんべんなくスプレーし、ふき取る。

! 覚えておこう!

重曹で歯の黄ばみ取り

歯磨き粉をつけた歯ブラシに重曹パウダーをふりかけて磨くと、黄ばみが取れてきれいな歯に。

覚えておこう!

ティッシュと重曹で洗面所のガンコな汚れを落とす

鏡

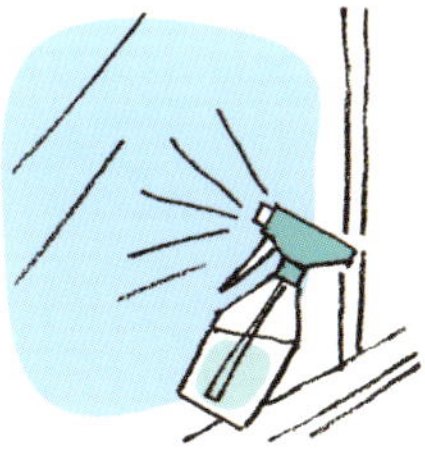

全体に重曹水をまんべんなくスプレーする。

すぐに鏡にティッシュを貼りつけて、30分ほどおく。

ティッシュをはがして、乾ぶきする。

蛇口

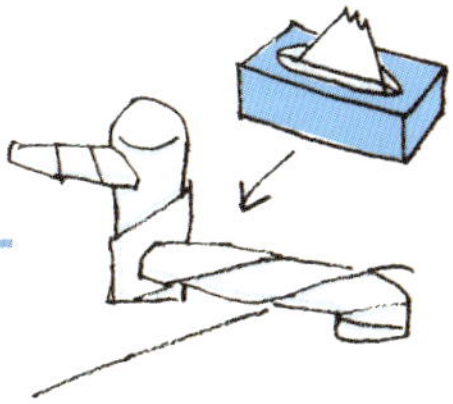

全体にティッシュを巻きつける。

上から酢水をスプレーし、2時間ほどおき、はがす。

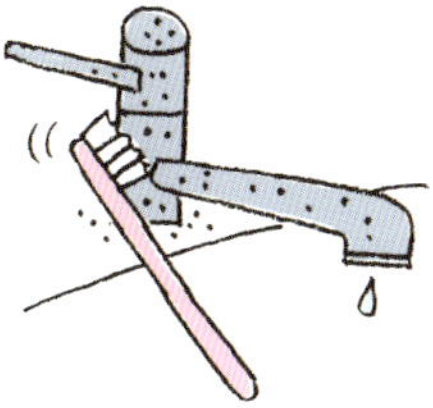

重曹パウダーをふりかけ歯ブラシでこすり、ふき取る。

洗面台

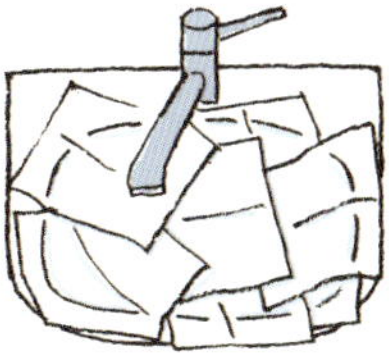

全体にティッシュを重ねるようにおく。

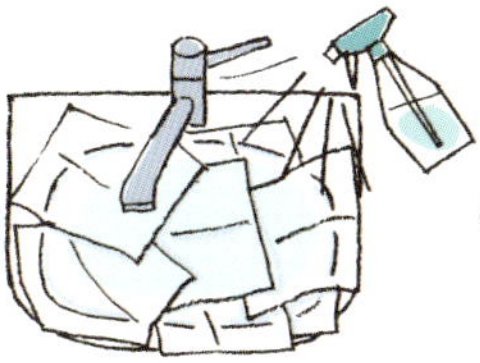

上から酢水をスプレーし、30分ほどおき、はがす。

重曹パウダーをふりかけてスポンジでこすり、水で流す。

洗濯機のそうじ

洗濯機は目に見える外側の汚れと、目に見えない内側の汚れがあります。重曹や酢を使って、徹底的にきれいにする方法を紹介します。

外側の汚れは水ぶきでそうじ

石鹸カスや手アカなどの基本的な汚れは水ぶきで。

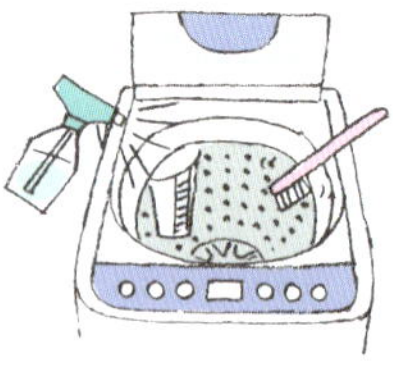

洗濯機の中の汚れには酢水と歯ブラシ

洗濯槽についた水アカに酢水をスプレーして、歯ブラシでこする。

ガンコな汚れは酢水をスプレー

水ぶきで落ちない汚れには酢水をスプレーしてふく。

洗濯槽の汚れは重曹

半分の水を張ったタンクの中に大さじ５の重曹パウダーを入れて作動させる。

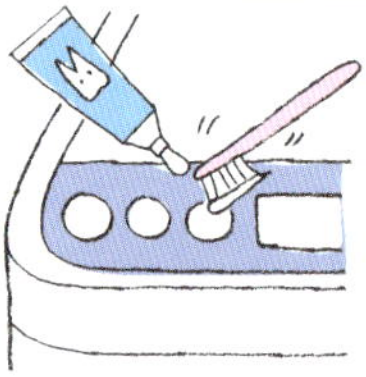

スイッチまわりの汚れは歯磨き粉で

湿らせた歯ブラシに歯磨き粉をつけてこする。

洗濯機の防音対策

マンションなどで音が気になる場合はレンガで騒音防止。下のそうじもしやすい。

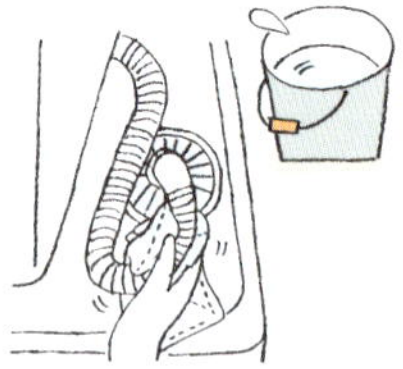

排水ホースはしっかり水ぶきを

磨きにくい排水ホースもしっかり水ぶき。

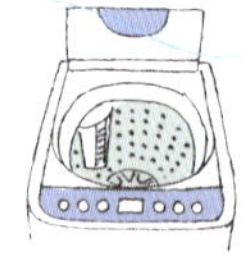

ふたを開けて換気

洗濯機を使わないときは、ふたを開けておきましょう。換気をすることで、カビの発生を防げます。

排水口のつまりを防ぐ簡単ゴミストッパーの作り方

！ 覚えておこう！

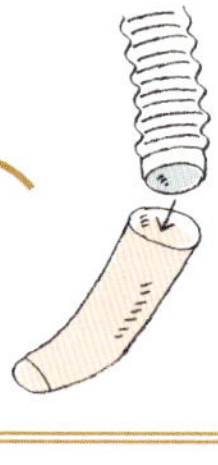

ストッキングの先を切り、ホースにかぶせる。

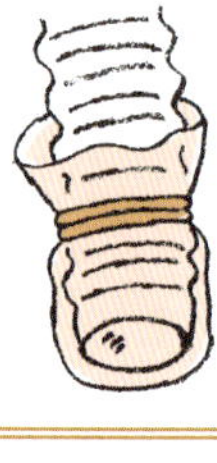

輪ゴムでしっかり留め、排水口につければ完成。

シミの対処法と種類を知ろう

シミといっても、その種類はさまざま。
洗濯してもなかなか落ちないシミの対処法を紹介します。

マヨネーズのシミ

汚れた部分が広がらないように、布でつまみ取る。

コーヒー・紅茶のシミ

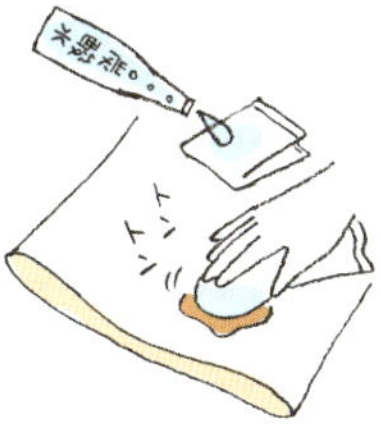

布に糖分の入っていない炭酸水をしみ込ませてたたく。

しょう油のシミ

布にお酒をしみ込ませて汚れた部分をはさみ、押さえ取る。

ファンデーションの汚れ

化粧水をコットンにしみ込ませてたたく。最後にかたくしぼったタオルでたたく。

血液のシミ

大根おろしをガーゼに包んでたたく。

果汁のシミ

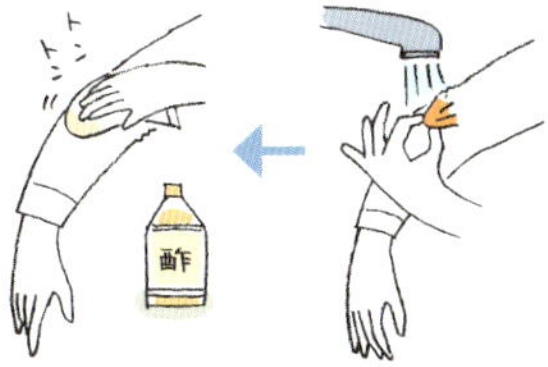
酢

布に酢をしみ込ませてたたく。

水でつまみ洗いをする。

シミ抜きの対処ができたら、あとは洗濯機におまかせ。

シミの種類の見分け方

不溶性のシミ

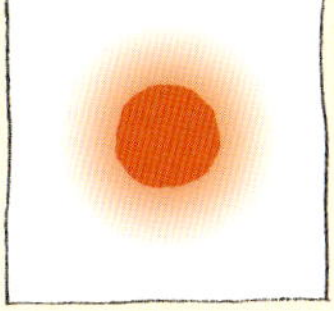

輪郭がぼやける。汚れをつまみ取るようにして対処。

油性のシミ

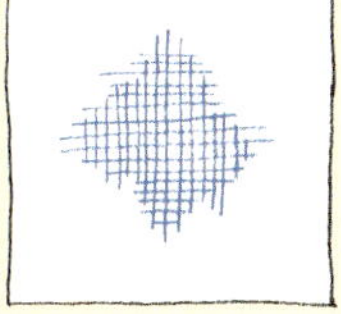

縦横に線が入る。ベンジンやアルコールで対処。

水溶性のシミ

くっきりとにじむ。台所用洗剤、中性洗剤で対処。

そうじ以前の

汚れ対策できれいに保つ知恵!

そうじをするのが面倒なら、汚れないように工夫すれば OK。
汚れを事前に予防できるアイデアを活用してね。

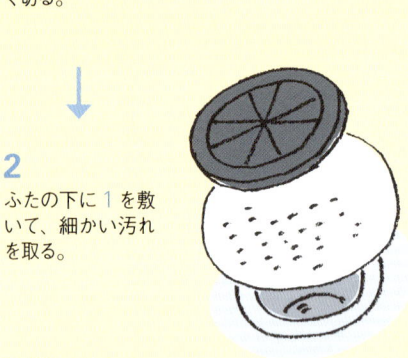

排水口

シンクの生ゴミ入れに

1

キッチンペーパーを排水口のふたよりもひと回り大きく切る。

↓

2

ふたの下に 1 を敷いて、細かい汚れを取る。

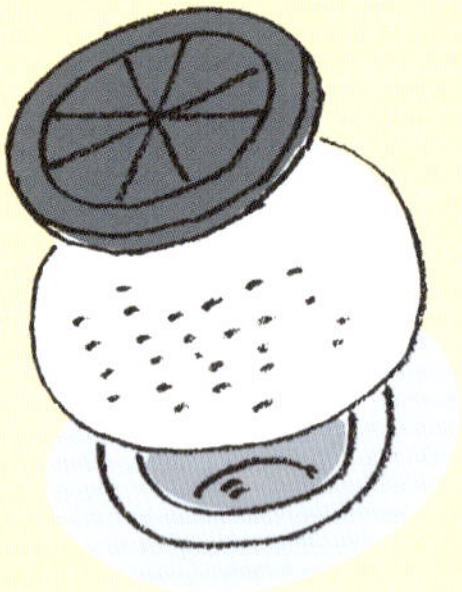

キッチン

予防していれば
そうじも楽だし
手間も省けます!

排水口

10

排水口のぬめり予防には 10 円玉

銅にはぬめりを防ぐ性質があるので、バスルームや台所の排水口に 10 円玉を入れておく。

しゃもじ

ラップ

しゃもじにラップで、こびりつきを防ぐ

ラップをしゃもじに巻くだけで、ご飯のこびりつきを予防できる。使ったらはがすだけ。

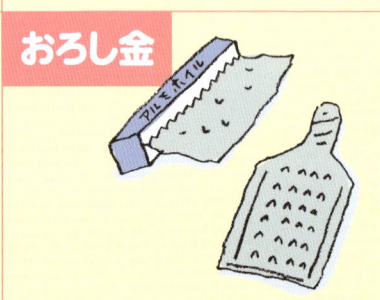

おろし金

アルミホイル

おろし金の汚れはアルミホイルで予防

洗いにくいおろし金は、アルミホイルを巻いて食品をおろす。おろしたらはがして捨てる。

ガスレンジ

ガスレンジの汚れ防止にアルミホイル

油が飛び散りやすいところにアルミホイルを貼り、汚れを防止する。

換気扇

換気扇の汚れを石鹸で予防

きれいな換気扇のプロペラの部分に石鹸をぬると油がつきにくくなる。

まな板

まな板の汚れを防ぐ牛乳パック

牛乳パックを切り開き、まな板の上においてから魚をさばけば、汚れもにおいもつかない。

冷蔵庫

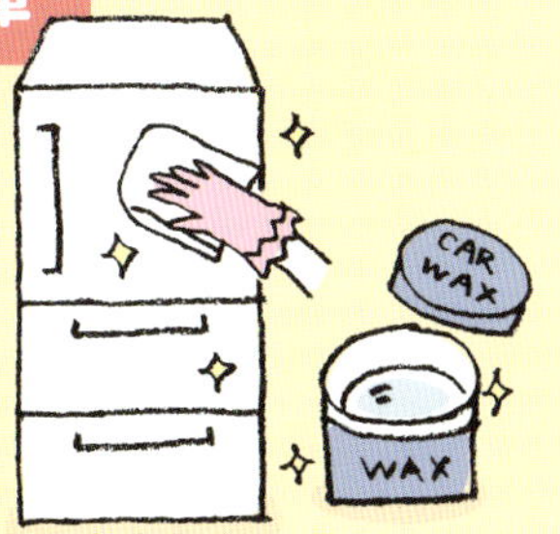

冷蔵庫の外側の汚れ防止はカーワックス

カーワックスを布にぬり、外側をふき上げると、汚れや黄ばみを防げる。

油はね

揚げものの油はねは新聞紙でガード

揚げものをするときは、床や周囲に新聞紙やチラシを敷く。

グリル

米のとぎ汁で魚焼きグリルの汚れを軽減

魚を焼くときに、受け皿に米のとぎ汁を流すとでんぷんが脂を吸収してそうじが楽に。

リビング・ダイニング

家電

布使いで家電のホコリをガード

使わないときは、常に布をかぶせておき、ホコリがつくのを予防。

リモコン

ラップでリモコンのホコリや汚れを防ぐ

リモコンにラップを巻き、ホコリや手アカ汚れを防ぐ。

コード

コードのホコリは柔軟剤がカット

水でうすめた柔軟剤にぞうきんをひたしてしぼり、コードをふくとホコリがつきにくくなる。

カーペット・カーテン

防水スプレーがカーペットをシミから守る

新しいカーペットやカーテンに布用の防水スプレーをする。

イス

イスの脚に靴下をはかせて傷防止

いらなくなった靴下の先を切り、イスの脚にはかせると床の傷を予防できる。

家具

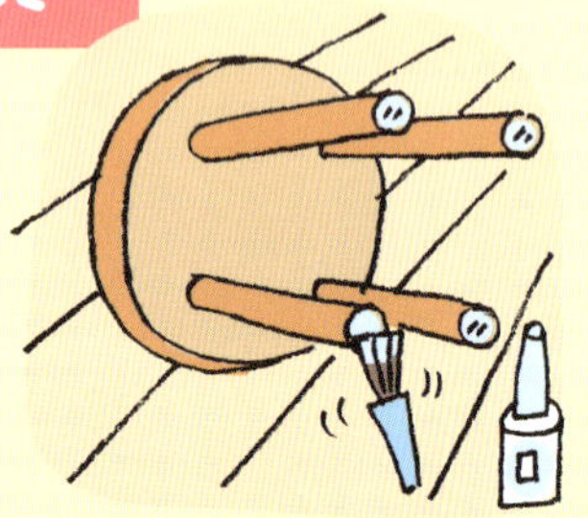

家具の下に透明マニキュアで床を守る

透明マニキュアをぬっておくと、床が傷つきにくくなる。花瓶の底にも有効。

サニタリー

お風呂

お風呂上がりのふきそうじでカビ予防

水滴をすぐにふき取れば、カビの発生を予防できる。冷水をかけてからふくのがおすすめ。

鏡

鏡のくもり止めにはじゃがいも

じゃがいもの切り口を鏡に当ててこすってから洗い流す。でんぷんがくもりを防ぐ。

トイレ

家を空ける時には入れ歯用洗剤を

出かける前に、トイレに入れ歯用洗剤を2個入れておくだけでピカピカに。

お風呂

お風呂の壁にカーワックスでカビを防ぐ

カーワックスを布にしみ込ませ、扉や壁をコーティングすれば、カビが生えにくくなる。

石鹸

ぬめり知らずのスポンジ石鹸台

スポンジが水気を吸い取るので、石鹸がぬめるのを予防でき、洗面台が汚れるのを防げる。

ヘアブラシ

ヘアブラシにガーゼを差して汚れ予防

ガーゼを奥まで差して使用すれば、汚れたときに取り替えるだけできれいになる。

第４章
寝室・和室のおそうじ術

寝室や和室はホコリやダニが
発生しやすいエリアです。
また、押し入れなどの収納スペースを、
いかに有効に使うかもポイントになります。
きれいな部屋を維持するための知恵を紹介します。

マンガでわかるパパッとさんの知恵 寝室・和室編

畳をきれいにして和室をピカピカに
おおー!!
来週おばあちゃんが来るからみんなで和室そうじ!!
わかりました来週ですね
今日は天気がいいので畳をそうじしよう
乾きが早いよー
さらに…
Step1
虫干し
Step2
缶で風通し
畳は目にそってそうじ機をかける
目立つ汚れは湯と洗剤でふき取る
目にそってふく
Step3
じゅうたんはNG
NG
これで畳が長持ち!!
節約にもなるよ!
ママの不要になったストッキングをはたきにすれば和室はピカピカ
パパン
障子破らないでね
きれいな和室は落ちつくね
やったー

寝室のそうじ

寝室は布団のホコリやダニが大きな問題です。そうじ機を効果的に使って、寝室の問題をクリアしていきましょう。

すき間時間でできる寝室のプチそうじ

1分

こまめな換気でホコリを取る

換気だけでも、ホコリは取れる。寝室はこまめに換気を。

5分

ベッドのホコリはそうじ機で取る

ベッドのホコリにはそうじ機をかける。ゆっくり前後にかけるとホコリがよく取れる。

1分

布使いでホコリ予防

カゴや小ものに布をかけておけば、ホコリがついても布を替えるだけ。

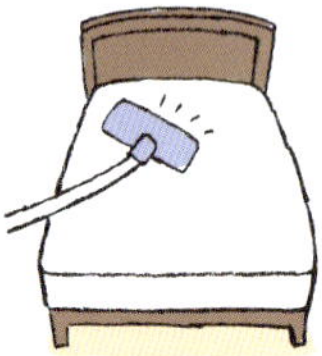

3分

頭の位置を中心にそうじ機をかける

ダニは人のフケをえさにするので、ベッドマットのそうじは頭側を中心に。

1分

干すときに黒い布で殺虫力を UP

黒い布をかけて干すと布団の温度が上がり、ダニを退治できる。

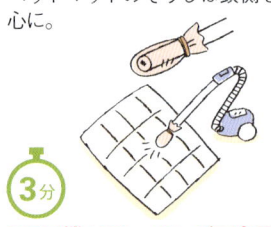

3分

そうじ機+ストッキングで布団そうじ

干した布団にストッキングをつけたそうじ機をかければ、布団が吸い込まれずダニやホコリが取れる。

おうちでできる羽毛布団の洗い方

覚えておこう!

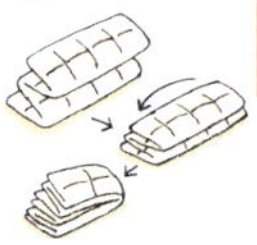

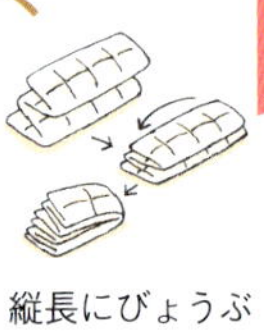

縦長にびょうぶたたみにして、真ん中で折る。

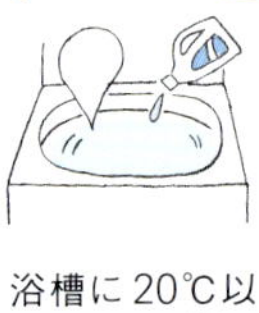

浴槽に20℃以下のぬるま湯と少量の中性洗剤を入れる。

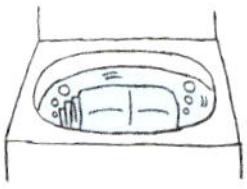

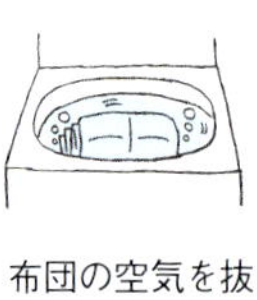

布団の空気を抜いて2～3回ひっくり返しながら30分浸ける。

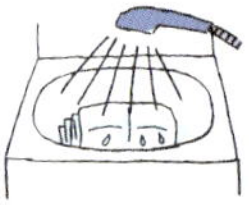

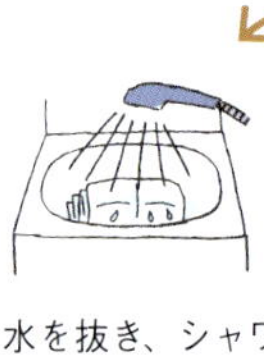

水を抜き、シャワーで洗剤をすすぐ。5分放置し、洗濯機で30秒脱水する。

クローゼットの収納法

使いやすさと収納力 UP を考えたアイデアを紹介します。
無駄なスペースをなくし、効率よく収納しましょう。

収納法 1　洋服の丈をそろえて収納する

下のスペースを広く取るために丈はそろえるのが基本。

収納法 2　下段には引き出しつきの収納ケースなどをおく

下のスペースには、タンスや引き出しつきの収納ケースをおく。

収納法 3　上段には取っ手つきの BOX をおく

高いところは、取り出しやすい取っ手つきの収納 BOX が便利。

収納法 4　季節ものは上段にしまっておく

季節ものの衣類や、使う頻度が低いものは上段に収納しておく。

収納法 5　収納力を上げるハンガー×ハンガー

ハンガーにハンガーをかけるだけで収納力が倍に。目からウロコの収納術。

収納法 6　ラップの芯で折り目知らずのパンツ収納

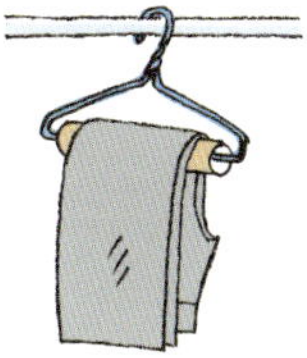

針金ハンガーの下をペンチで切り、ラップの芯を通す。ラップに輪ゴムを巻けばすべり止めに。

! 覚えておこう!

予備ボタンは

ジャケットやスカートなどについてくる共布やボタンは、フォトアルバムに収納するのが便利です。

用途に合ったハンガーの選び方

クリップタイプ

パンツハンガーにはこのタイプ。どんな形のパンツにも対応できる。

肩に厚みがあるタイプ

おしゃれ着にはこのタイプ。肩に厚みがあるので型くずれしない。

針金タイプ

厚みがないので収納には最適。できる限りこのタイプを使うほうが、収納力は UP する。

畳のそうじ

畳は湿気や日光に弱く、放っておくと傷みが進みます。汚れのそうじはもちろんですが、定期的なお手入れをしておきましょう。

すき間時間でできる畳のプチそうじ

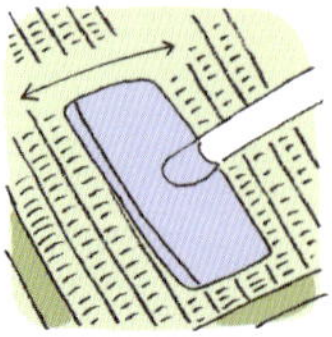

5分

そうじ機は畳の目にそってゆっくりかける

目の間に入り込んだホコリを取り、傷めないようにゆっくりかけることが大切。

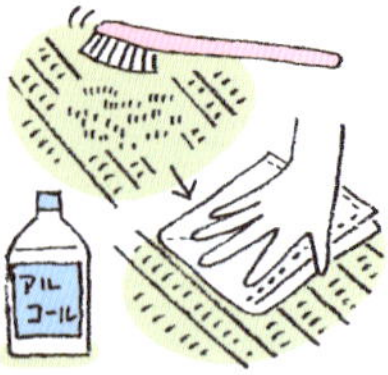

1分

畳のカビには歯ブラシとアルコールを

目にそって歯ブラシでカビを取り、消毒用アルコールでふき取る。

1分

目立つ汚れは湯と洗剤でふき取る

ぬるま湯に洗剤を入れ、かたくしぼったぞうきんでふき、仕上げに乾ぶきを。

1分

畳のささくれには消しゴム

ささくれた部分を消しゴムでこするだけで、きれいになる。

畳は水気を嫌うので、乾きが早い天気のよい日にお手入れしましょう。

3分

畳のへこみはアイロンで復元

へこんだところに湿らせた布を当て、アイロンがけを何度か繰り返す。

黄ばんだ畳はこれで解決

覚えておこう!

酢で

バケツ7分目の水に大さじ1の酢を入れ、かたくしぼったぞうきんでふく。

抹茶で

湯を入れたボウルに抹茶小さじ1を溶かし、かたくしぼったぞうきんでふく。

みかんの皮で

みかんの皮を4個入れて煮出した汁をかたくしぼったぞうきんでふく。

畳のトラブル別対策法

畳をトラブルから守る、いざというときに役立つ
対策法を紹介します。

水性のインクがついた！

牛乳を含ませてかたくしぼったぞうきんでふく。

たばこで焦げた！

オキシドールをしみ込ませた布でふくと、焦げが目立たなくなる。

たばこの灰が落ちた！

灰の上に塩をかけ、歯ブラシでこすってからそうじ機で吸い取る。

コーヒーがこぼれた！

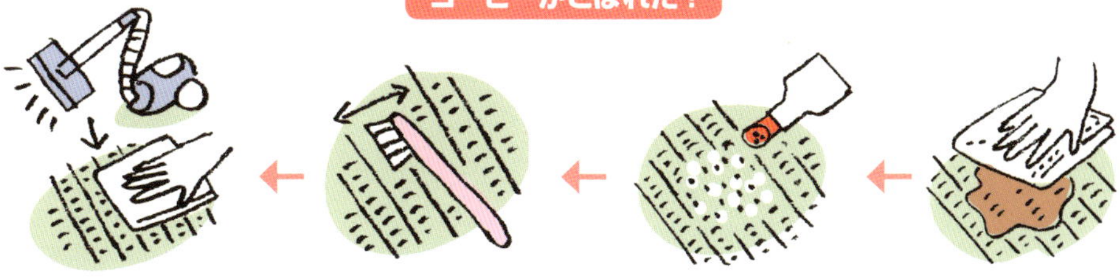

タオルで素早くふく。

塩をかける。

塩が湿ったら歯ブラシでこする。

最後にそうじ機をかけて、ぞうきんでふく。

畳を長持ちさせる方法

畳の上のじゅうたんをやめる

畳の上のじゅうたんは、ダニの温床に。できる限り避ける。

空き缶で、風を通す

干す場所がないときは、空き缶などをはさんで風を通しておく。

晴れた日に虫干し

天気のよい日に畳を上げて虫干し。4～5時間は日に当てる。

寝室・和室のおそうじ術

障子・敷居のそうじ

障子はホコリと黄ばみが問題です。汚れが目立たないうちに、お手入れをしましょう。敷居のすべりもよくしておけば、障子まわりは完璧です。

すき間時間でできる障子・敷居のプチそうじ

5分

障子そうじははたきを使うのが基本

上から順番にはたきをかけてホコリを取る。

1分

障子の黄ばみは大根おろしの汁でふく

おろした大根を軽くしぼりハケを使ってぬる。

5分

破れにくい障子にするには寒天

溶いた寒天を、ハケなどを使って障子にぬると強度がUP。

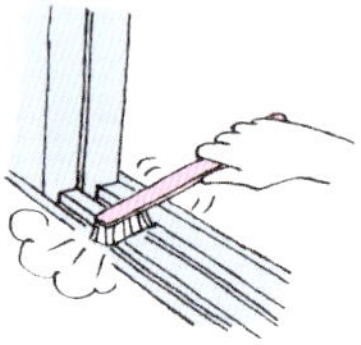

1分

敷居の取れないホコリは歯ブラシでかき出す

はさまって取れないホコリは歯ブラシを使ってかき出し、仕上げにふきそうじをする。

これは便利!

ストッキングはたき

ストッキングを30cmの長さに切り、木の棒にひもで巻きつければ完成。

3分

敷居のホコリには輪ゴムが活躍

輪ゴムを2～3個おき、戸を開閉してホコリを取る。仕上げにふきそうじをする。

敷居のすべりをよくするアイデア

!おぼえておこう!

ロウソクを使って

敷居の溝をこするだけで、すべりが復活。

卵のカラを使って

カラをガーゼで包み、水をスプレーして敷居をこする。

スプーンを使って

背面で強くこすれば、ゆがみが調節されてすべりやすくなる。

タンスの収納法

湿気などから衣類を守り、選びやすくて
取り出しやすくする収納法です。

収納法1 湿気が少ない上段は自然素材のものを

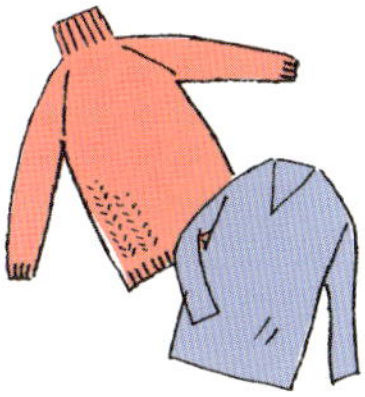

湿度に弱いウールやシルク、カシミヤなどは上段に入れる。

収納法2 出し入れしやすい中段にはふだん着を

使い勝手を考えて、ふだん着は中段に入れる。

収納法3 湿気に強い化学繊維の衣類は下段に

ポリエステルなどの化学繊維のものは下段に入れる。

収納法4 衣類収納の基本は立てて入れる

選びやすく、取り出しやすいように立てて収納するのが基本。

ポイント 引き出しサイズのたたみ方テクニック

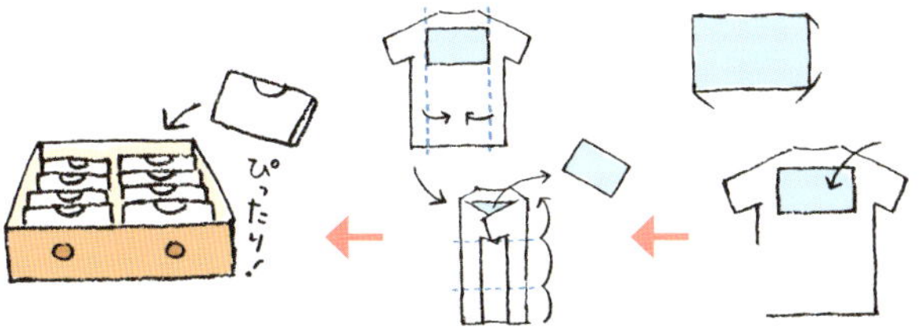

引き出しの高さに合わせた厚紙を用意し、背中側の上部におく。

左右を図のように折り、下側を2つ折りにして、厚紙を抜く。

引き出しに立てて収納すれば完成。

覚えておこう! 防虫剤のにおい取り

防虫剤のにおいが気になる人は、乾燥させた茶がらをガーゼで包んでタンスに入れておきましょう。

下着や靴下は空き箱利用ですっきり収納

牛乳パックやティッシュの空き箱を切り、引き出しの中に入れていく。下着類や靴下などを立てて収納。

押し入れと季節ものの収納テクニック

収納スペースを有効に使う方法から、あまり使わない季節ものの収納法まで紹介します。

ラベルつき収納で見やすく

高いところにあるので、ラベルを使うと何があるのかすぐわかり◎。

トランクや旅行カバンは上に

たまにしか使わないものはここに。かさばるけど軽いものなども天袋に。

突っ張り棒で衣類をかける

突っ張り棒を使えば、ふだん使いの衣類も収納できる。

天袋

使用頻度の低いものを収納する。

上段

よく使うものを収納する。

布団類は出し入れ重視で

布団類は、立って手が伸ばせるこの高さに収納すると、出し入れがラク。

下段

重いものや、引き出しつきの収納ケースを。

大きさがそろった衣装ケース

大きさがバラバラだとデッドスペースが生まれる。幅と奥行きを考えてぴったりなものを入れる。

キャスターつき収納ケース

細かいものを収納。キャスターつきなら、出し入れもしやすくて便利。

そうじ機やアイロンなどの重いものは下に

取り出しやすさを考えて、重いものは下段に収納。

押し入れの湿気対策

! 覚えておこう!

適当な大きさに丸めてすき間に入れてもOK。

すのこの下に入れる。

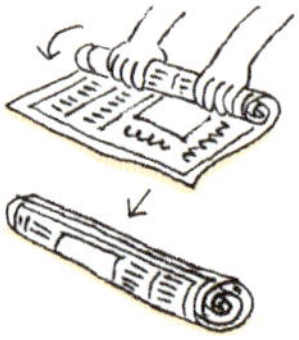

新聞紙をくるくる丸める。

季節ものの収納テクニック

たまにしか使わない季節ものは、きちんと保管しておかないと
使えなくなることもあるので、注意して収納しておきましょう。

小ものは洗濯ネットに入れてしまう

なくなりがちな手袋や帽子などの小もの類は洗濯ネットに入れて収納する。

ブーツは新聞紙とストッキングで

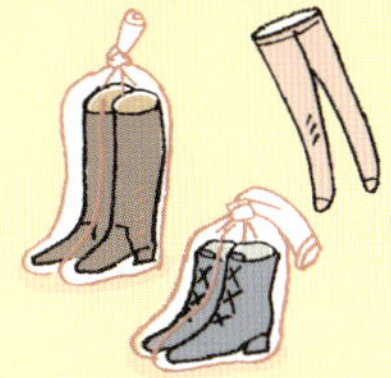

汚れを落として新聞紙を中に入れ、ストッキングに入れる。湿気とホコリをシャットアウト。

羽毛布団は空気を出しながら丸める

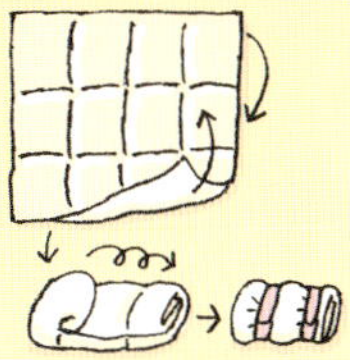

三つ折りにし、空気を出しながら丸め、ひもやソックスバンドなどで留める。

すだれは新聞紙と乾燥剤で

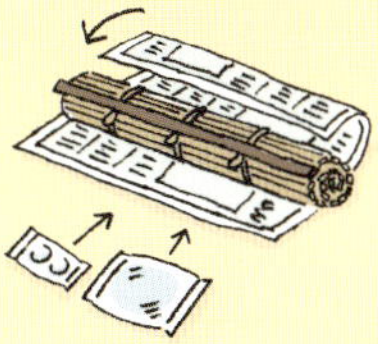

水ぶきをし、陰干ししてから、防虫剤と乾燥剤を入れて新聞紙に包む。しっかり乾燥させてからしまうのがポイント。

扇風機はシーツでホコリ予防

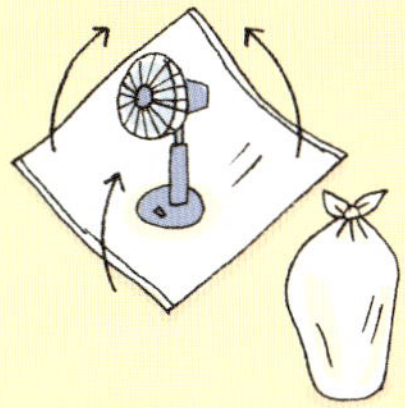

全体を水ぶきしてからよく乾かし、シーツにくるんで押し入れの上段に収納しておく。

スエードアイテムにはタオルを

表面がこすれると傷んでしまうスエードは裏返してタオルを入れて収納する。

防虫剤の下に、布か和紙を敷くとにおいが移らないよ。

自分で作る衣類の防虫剤

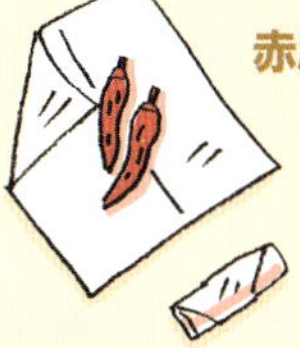

赤唐辛子

ティッシュなどの薄紙に包んで、衣類のポケットに入れておく。カプサイシンが虫を予防する。

石鹸

ハンカチに包んでタンスに入れておく。石鹸のにおいで虫がよりつかない。

第５章

外まわりのおそうじ術

玄関や窓、ベランダは、
人目につきやすい場所です。
近所の目もありますので、
定期的にそうじをしておきましょう。
外まわりそうじの知恵を使えば、
あっという間にきれいになります。

マンガでわかるパパッとさんの知恵 外まわり編

家の第一印象は外まわりが命
そうだ！友達が遊びに来るんだった
ワーイ！
はりきってそうじするぞ！
玄関が…
汚い…!!
玄関は新聞と重曹水でスッキリ!!
たたきのホコリは濡れた新聞紙で
インターホンの汚れには重曹水をスプレー！
ふだん使わない靴は別の場所にしまって
ピカピカー！
今日は天気がいいから窓を全開にして…
シャッ
ベランダも窓も汚い…
まずはスポンジとお湯を用意！
切り込みを入れたスポンジでサッシの溝をふいて
溝にそって熱湯を注ぐ
おじゃましまーす
ワーイ
玄関とベランダはきれいになったけど今度はリビングが大変ね…

外まわりのおそうじ術

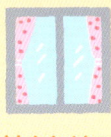

玄関まわりのそうじ

玄関まわりは、来客時にも目立つので、きれいにしておきたい場所です。そうじのポイントはホコリ取りです。こまめにふきそうじをしておきましょう。

すき間時間でできる玄関のプチそうじ

玄関そうじのちょこっとアイデア

覚えておこう!

まがったほうきには塩

塩をひとつまみ入れた水に２時間浸けて陰干しすれば、まっすぐに。

ちりとりにロウをぬる

事前にロウをぬっておくと、ゴミが落ちやすくなる。

不要な靴下で靴磨き

いらない靴下を手にはめて、泥やホコリを落とす。

A

※軍手ぞうきんについてはP56を参照。

1分

磨きにくいドアノブは軍手ぞうきんで

ドアノブの手アカは軍手ぞうきんにおまかせ。

B

3分

ドアや壁は洗剤でかたくしぼったぞうきんで磨く

ぬるま湯に洗剤を入れ、かたくしぼったぞうきんでふく。

C

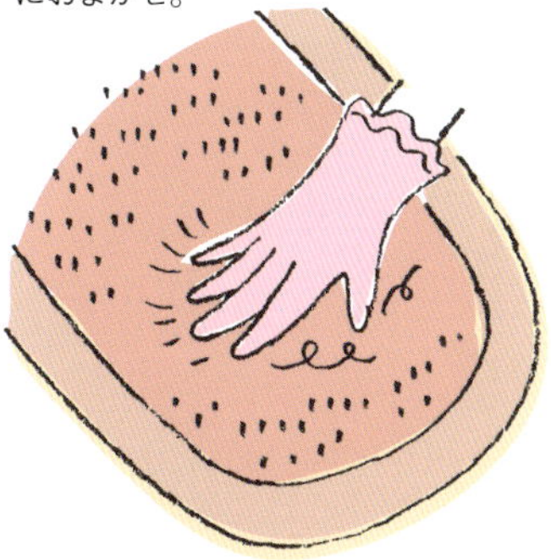

1分

玄関マットはゴム手袋でホコリ取り

ホコリや髪の毛などのゴミをゴム手袋で集める。

D

3分

たたきのホコリは濡れた新聞紙でキャッチ

湿らせた新聞紙を細かくちぎって全体にまき、ほうきでキャッチ。

玄関は住まいの顔。
きれいにして
おかなきゃね♪

外まわりは雨上がりに

門扉や表札、インターホンのそうじは、雨上がりが一番。ぞうきんで一気にふいてしまいましょう。

玄関まわりの収納法

靴の種類やサイズによって使うスペースが違うので、すき間ができがちです。
すき間が極力できない、有効な収納法を紹介します。

収納法 1 新聞紙を敷いて湿気対策

湿気や泥汚れから靴箱を守ります。汚れたら捨てればそうじも楽。

収納法 2 靴の種類によって棚の高さを変える

ブーツや子ども靴など無駄なスペースが出ないように棚を調節。

収納法 3 突っ張り棒で収納力を上げる

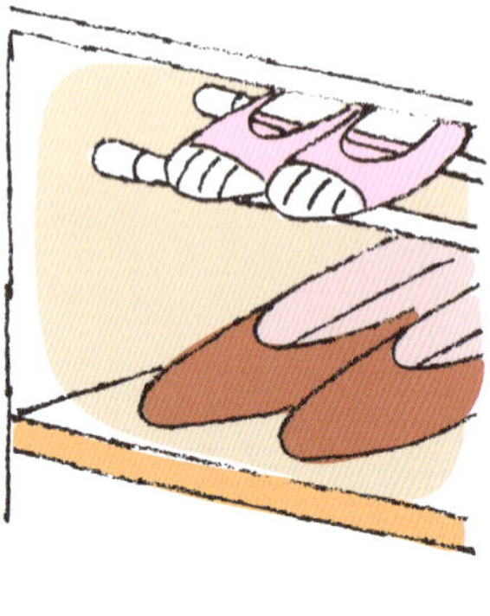

突っ張り棒をわたし、棚の空いたところに子どもの靴などを収納。

収納法 4 ふだん使わない靴は別の場所に

冠婚葬祭などに使う靴は靴箱ではなく、別の場所に収納する。

収納法 5　内扉にタオルラックでスリッパスペースに

タオルラックを取りつけて、スリッパをはさむ。

収納法 6　子どもの靴はすき間に入れる

ファスナーつきの袋に子どもの靴を入れて、ちょっとしたすき間に差し込んでいく。

収納法 7　子どもグッズはラック＋ S 字フック

壁にメッシュラックを取りつけて軽いものを S 字フックに吊るす。

傘のお手入れと収納法

ドライヤーで防水復活

ドライヤーで乾かすと傘の防水効果が復活する。

傘立ての底にレンガ

濡れた傘の水滴をレンガがしっかり吸収してくれる。

玄関をスッキリさせれば、幸運も舞い込んでくるかも

週に1度は

玄関まわりの重曹そうじ

玄関のそうじはもちろん、靴のお手入れまで重曹は大活躍。消臭効果もあるので、においも改善してくれます。

たたきの汚れ

たたき全体に重曹水をまんべんなくスプレーし、ふき取る。

ドアや壁の汚れ

ドアや壁に重曹水をまんべんなくスプレーし、ふき取る。

玄関マットのそうじ

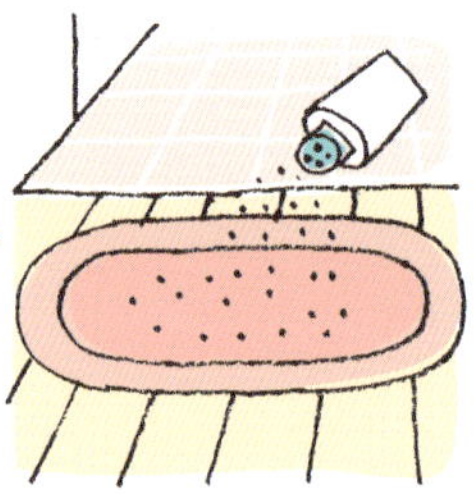

全体に重曹パウダーをふりかける。

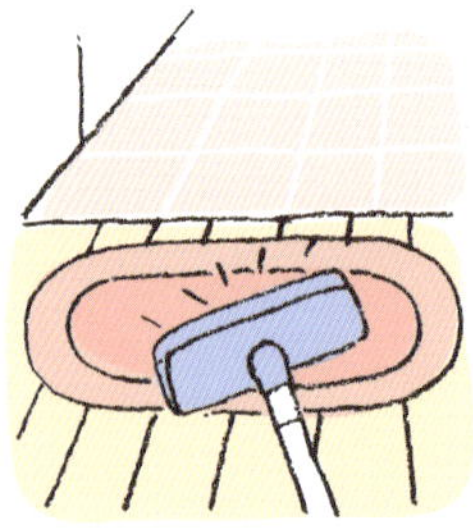

手でなじませてからそうじ機で吸い取る。

インターホンのそうじ

重曹水をインターホンにスプレーする。

乾いたスポンジを使って全体を磨く。

マイク部分の溝は綿棒を使ってふく。

靴箱の汚れ

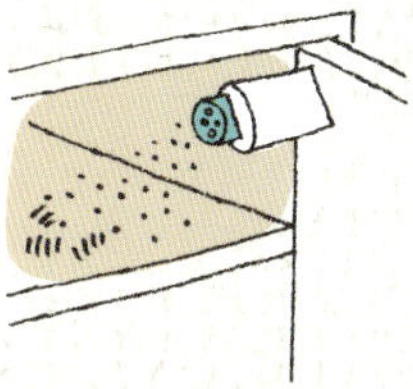

靴を取り出して、汚れているところに重曹パウダーをふりかける。

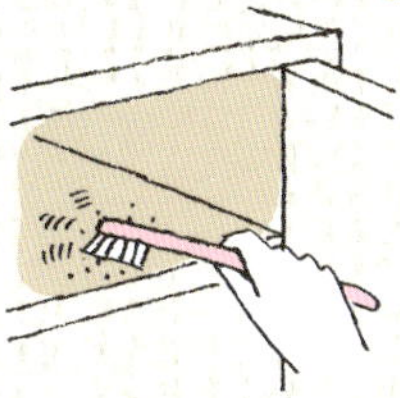

湿らせた歯ブラシで汚れをこすり、ふき取る。

傘のそうじ

全体に重曹水をスプレーし、汚れをふき取る。

覚えておこう！

靴の洗い方とお手入れ法

スニーカーの洗い方

湯を張ったバケツに重曹パウダー大さじ１〜２をふりかける。

スニーカーを入れる。

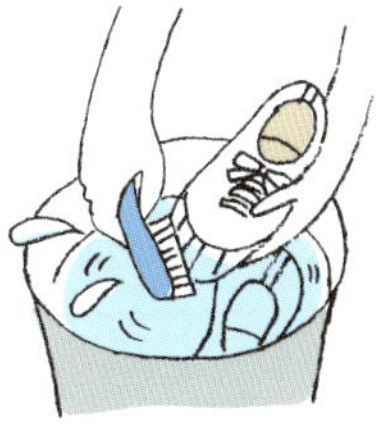

靴洗い用のたわしでスニーカーをこすり、水でよくすすぐ。

革靴のお手入れ法

布に重曹ペーストをつける。

まんべんなく磨き、靴墨をぬる。

靴箱も換気を

週に１度は靴箱の扉をすべて開けて換気すると、湿気やにおいの予防に効果があります。

外まわりのおそうじ術

窓のそうじ

窓が汚れていると、部屋の中も汚れた印象になります。新聞紙やリンスなど身辺なものを活用して、ピカピカに磨きましょう。

すき間時間でできる窓のプチそうじ

3分

ガラスふきは新聞紙におまかせ

新聞紙を丸めて水につけ、軽くしぼってからふく。仕上げに乾いた新聞紙でふく。

3分

リンスでふけばホコリ予防に

リンスをうすめた水でふけば、汚れも落ちて、ホコリ予防にもなる。

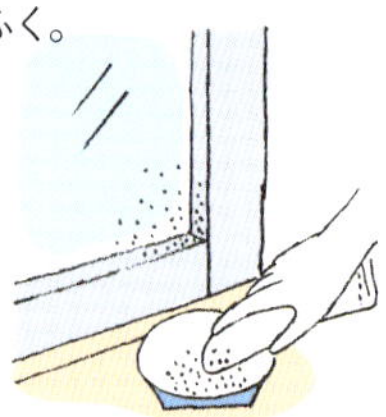

3分

四隅のガンコな汚れは塩で落とす

湿らせたぞうきんに塩をつけて、汚れをこすり落とす。

3分

窓についたシールやテープはドライヤーで

温風をしばらく当ててからはがすと、きれいに取れる。

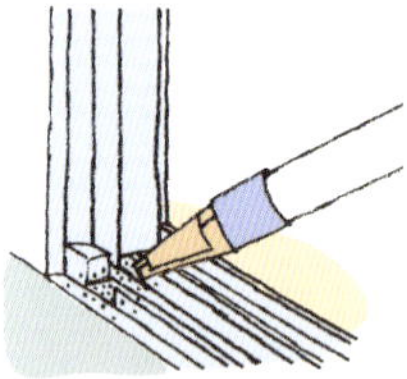

1分

サッシのホコリやゴミにはそうじ機

溝にたまったホコリは、そうじ機のノズルで吸い取る。

窓ふきはくもりの日に

くもりの日は湿度が高くなっているので、湿気で汚れが落ちやすくなっています。窓ふきには最適な天候です。

サッシそうじには切り込みスポンジ

！覚えておこう！

湿らせたスポンジに洗剤をつけ、溝にぴったり収まるようにおき、汚れをふき取る。

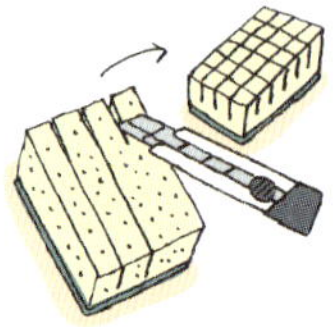

やわらかい面にカッターで切り込みを入れる。深さを1cmほど残すのがポイント。

窓まわりのそうじ

網戸、ブラインド、カーテンの特徴をうまく利用した
そうじ術を紹介します。

網戸のそうじ法

雨の日の楽チンそうじ

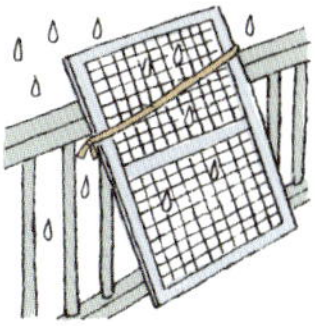

網戸を外に出し、倒れないように固定しておく。仕上げは乾ぶき。

W スポンジで効率 UP

２つのスポンジに洗剤をつけ、網戸をはさんで汚れをこすり落とす。

新聞紙を貼ってそうじ機

網戸の外側に新聞紙をテープで貼りつけ、そうじ機でホコリを吸い取る。

カーテンのそうじ法

カーテンのにおいには酢

においを吸収したカーテンには、水でうすめた酢水をサッとスプレーするだけで OK。

カーテンのホコリはそうじ機で取る

吊るしたままの状態でそうじ機をかけるだけでホコリが取れる。

ブラインドのそうじ法

軍手ぞうきんなら一瞬で終了

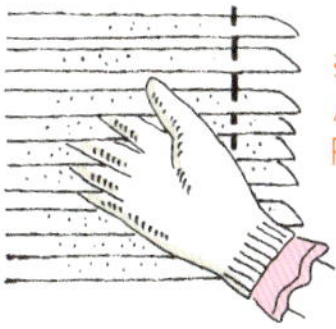

※軍手ぞうきんについてはP56を参照。

湿らせた軍手ぞうきんをはめ、ブラインドの１本、１本に指をはさんでふき取る。

これは手間なし！　カーテンをフックごと洗う方法

フックごとカーテンをはずす。

フック部分をストッキングでしばる。

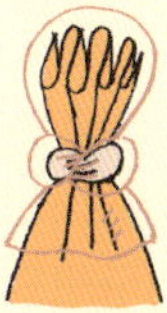

しばった部分を別のストッキングで包み、再度しばって洗濯する。

脱水が済んだらストッキングを取り、そのまま吊るして乾かす。

窓まわりの重曹そうじ

ふだんのそうじでは、なかなか落ちない窓まわりの汚れにも、重曹は活躍します。家中の窓を、休日にまとめてそうじしましょう。

窓の汚れ

全体に重曹水をスプレーする。

磨くようにしてまんべんなくふき取る。

サッシの汚れ

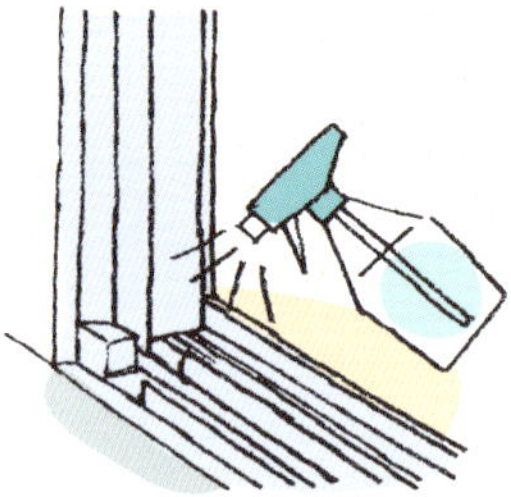

溝に重曹水をたっぷりスプレーしてしばらくおく。

歯ブラシで全体をこすり、ふき取る。

サッシのガンコな汚れ

重曹ペーストを歯ブラシにつけ、汚れている部分をこすり、ふき取る。

網戸の汚れ

網戸をはずし、全体に重曹水をスプレーしてしばらくおく。

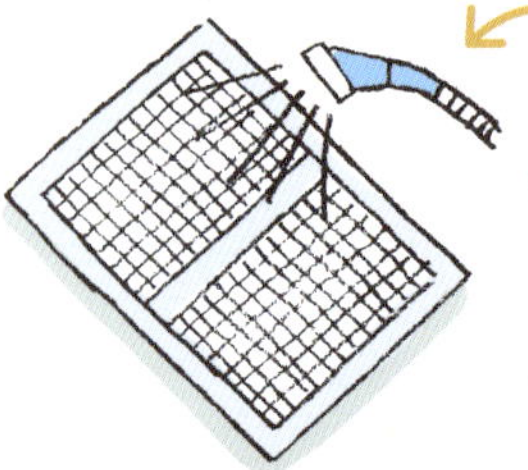

シャワーやホースなどを使って水で汚れを流し、乾かす。

網戸のガンコな汚れ

外側に新聞紙をテープで貼り、内側から重曹水をスプレーする。

酢

酢水をスプレーする。

しばらくおいて、新聞紙をはがし、ぞうきんでふき取る。

カーテンのガンコな汚れ

はたきでホコリを落とす。

汚れに重曹パウダーをふりかけて水で湿らせ、15分ほどおく。

そのまま洗濯機で洗濯し、カーテンレールにかける。

四隅の汚れ

湿らせたスポンジに重曹パウダーをたっぷりつけてこする。

ブラインドのガンコな汚れ

※軍手ぞうきんについてはP56を参照。

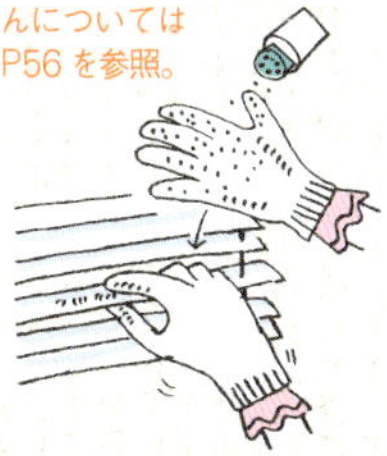

湿らせた軍手ぞうきんに重曹パウダーをつけ、汚れを指でこする。仕上げは乾ぶき。

窓や網戸のそうじは、汚れがサッシに落ちないように、下にぞうきんを敷いておくと便利。

ベランダのそうじ

雨ざらしのベランダは砂やホコリが集まり、すぐに汚れます。ガンコな汚れにならないうちに、そうじをする習慣をつけましょう。

溝は熱湯で汚れを浮かして取る

1
溝に沿って熱湯をそそいで汚れを浮かす。

2
たわしやデッキブラシでこすって汚れを取る。

手すりや室外機はぞうきんで湯ぶきする

熱めの湯でぞうきんをしぼり、固まった汚れを浮かせて取る。

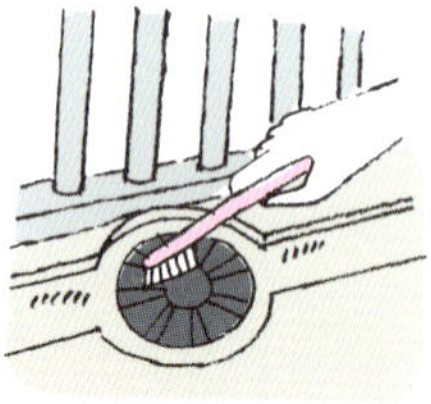

排水口の汚れは熱湯と歯ブラシで落とす

こびりついた汚れに熱湯をそそぎ歯ブラシでこする。

床には湿らせた新聞紙をまく

湿らせた新聞紙を細かくちぎって全体にまき、ほうきではき取る。

排水口のいやなにおいには酢を入れる

そうじのあとに酢を入れるとガンコな汚れもにおいも取れる。

ベランダは雨上がりに

雨上がりなら、雨ざらしになったベランダをデッキブラシやぞうきんで磨き、最後に排水口のゴミを取り除くだけでOK。

ベランダのハト対策

！覚えておこう！

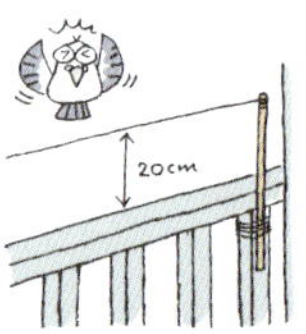

手すりに釣り糸をつけて、ハトが止まれないようにする。

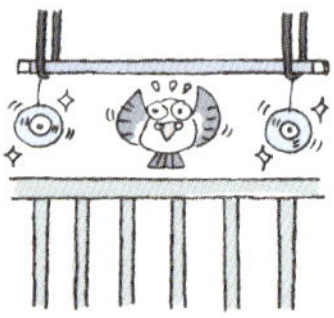

ハトは光が嫌いなので、物干しに不要なCDを吊り下げる。

ベランダの重曹そうじ

ベランダに洗濯ものが落ちても真っ黒にならないように毎週そうじをして、できるだけ美しく保ちましょう。

床のそうじ

床に重曹パウダーをふりかける。

デッキブラシで床を磨き、水で流す。

室外機のお手入れ

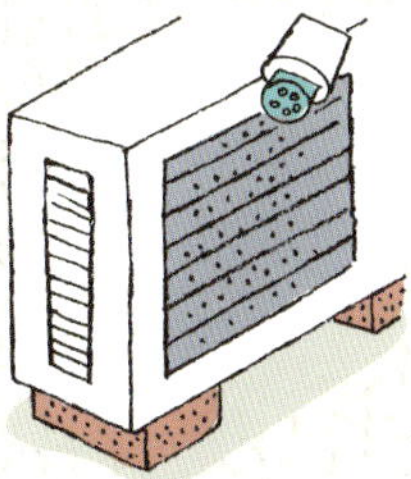

室外機に重曹パウダーをふりかける。

※P118の切り込みスポンジを使うと便利。

湿らせたスポンジでこすり、ぞうきんで乾ぶきする。

排水口のガンコな汚れ

重曹パウダーをふりかけ、酢水をスプレーしてしばらく待つ。

歯ブラシでこすり、水を流す。

手すりの汚れ

重曹水をスプレーして、ぞうきんでこするようにふき取る。

Q&Aで解決！ もっと教えてパパッとさん

こんなときはどうするの？

ホコリやにおい対策から収納力を上げる方法まで、そうじや収納の気になる疑問にパパッとさんが答えます！

Q1 そうじに適した時間帯ってあるんですか？

A 朝起きてすぐか、帰宅後すぐ

空気中のホコリは床に落ちるのに時間がかかります。ホコリが落ちたところで、そうじをするようにするのがよいでしょう。

Q2 手の届かない場所のホコリを何とかしたい

A 新聞紙でホコリを予防

背の高い家具の上に新聞紙をおいたり、家具のすき間に新聞紙を差すことで予防できます。汚れたら取り替えるだけです。

パパッとそうじの知恵はまだまだこんなにあります！

Q 3
雑誌を うまく収納 したいのですが

A 缶ビールの空き箱がぴったり

節約もできて、サイズもぴったり合うのでおすすめです。斜めにカットして収納しましょう。

Q 4
庭の雑草を 簡単に 取りたいです

A 野菜のゆで汁を雑草にまく

ゆで汁に含まれる野菜の塩分と熱で、翌日には雑草が枯れ始めて、取りやすくなります。

Q 5
古Tシャツが たくさんあります。再利用できますか?

A スーツをホコリから守ります

ぞうきんとしても使えますが、スーツの上からかぶせると、ホコリを防ぐ、スーツカバーになります。

Q6 防虫剤のにおいをすぐに取りたい

A ドライヤーの熱でにおいを取る

普通は陰干しをしてにおいを取りますが、時間がないときは、衣類を袋に入れて、ドライヤーで温めると、熱がにおいを飛ばしてくれます。

Q7 使用済みのティーバッグでそうじができるって本当?

A 紅茶のタンニンが油汚れに効果を発揮

油のついた食器は、ティーバッグでこすれば洗剤なしでも汚れを落とせます。また、レンジ台の油汚れもそのまま磨けば、きれいになります。

Q8 リビングの収納スペースを増やしたい!

A ソファ下とカーテンレール収納

取っ手とキャスターがついた収納板を作り、ソファの下に。カーテンレールの上に板をおけば棚に。これなら、デッドスペースも収納スペースになります。

Q 9
プラスチックケースに入れてはいけないものってありますか?

A 着物や革製品は向きません

通気性が悪く、湿気がこもるので、着物や革製品には向いていません。

Q 10
床のそうじを簡単に終えたい!

A ストッキングでホコリを取る

スリッパをはいた足の上からストッキングをはいて、すべるようにして歩くだけで静電気がホコリを取ってくれますよ。

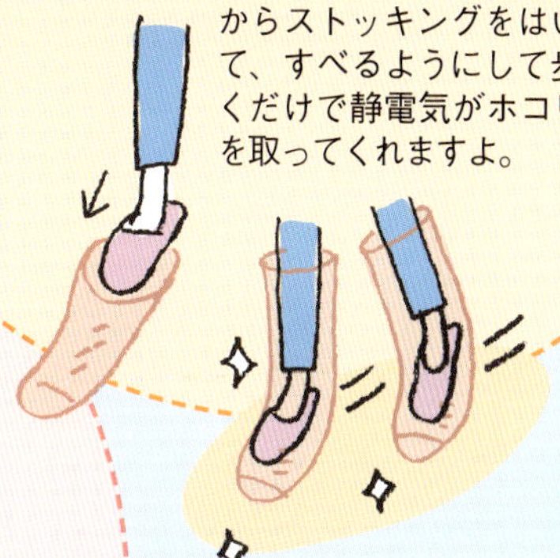

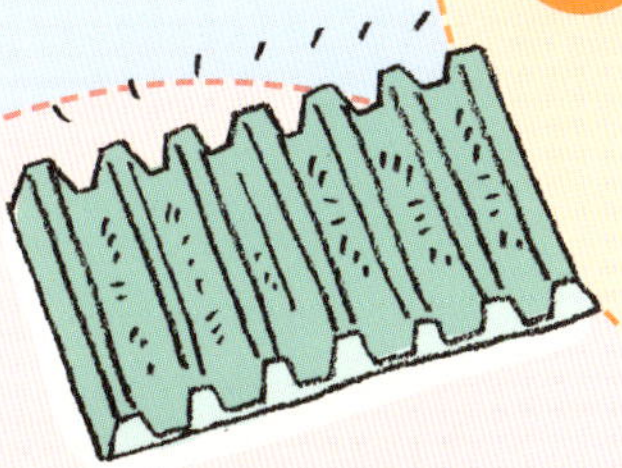

Q 11
お風呂ぶたのすき間のそうじが面倒

A 梱包用エアパッキンで保温

ふたのすき間に、重曹パウダーをふりかけて歯ブラシでこすれば汚れは取れますが、面倒ならエアパッキンを浮かべればふたの代わりにできます。これなら汚れたら取り替えるだけ。

参考文献

『クロワッサン特別編集 昔ながらの暮らしの知恵。』（マガジンハウス）
『重曹・お酢・せっけんの自然派おそうじ BOOK』（毎日コミュニケーションズ）
『必ず片付く収納のルール 302』（成美堂出版）
『「捨て方」上手ですっきり暮らす』（主婦の友社）
『365 日の暮らし上手百科』（主婦の友社）
『決定版 暮らしの裏ワザ知得メモ 888』（主婦の友社）
『重曹で家中スッキリ！』（PHP 研究所）
『今からはじめる重曹生活のススメ』（ブティック社）
『重曹そうじ徹底チェック 201』（双葉社）

Staff
編集協力　引田 光江（スタジオダンク）
イラスト　中小路 ムツヨ
装丁　下里 竜司（スタジオダンク）
デザイン　田中 俊輔

パパッとさんの おそうじと収納のコツと基本

2012 年 9 月 29 日　第 1 刷発行
2020 年 6 月 2 日　第 3 刷発行

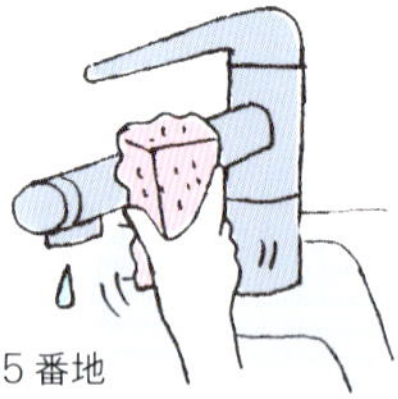

監修　快適暮らしラボ
発行人　蓮見清一
発行所　株式会社宝島社
〒102-8388　東京都千代田区一番町 25 番地
電話番号　03-3234-4621（営業）
03-3234-3691（編集）
https://tkj.jp
振替　00170-1-170829（株）宝島社
印刷・製本　日経印刷株式会社

ISBN978-4-8002-0206-2

本書は、2011 年1月発行の別冊宝島 1712 号
『おばあちゃんの知恵袋 パパッとおそうじ絵本』
を改訂・再編集、改題したものです。